將數位資料轉化為資產的尖端技能！

圖解 NFT 一看就上手

增田雅史 監修・吳嘉芳 譯

NON-FUNGIBLE TOKEN

宝島社

序

這是一本實至名歸的「NFT 入門書」！
歡迎來到 NFT 商業應用的世界

2021 年「NFT」一詞成為俄羅斯當地的流行語，到了 2022 年，熱度依舊不減。運用 NFT 的商業模式以及服務，出現了各式各樣的變化，使得區塊鏈及 NFT 界持續蓬勃發展。全球第一大 NFT 交易平台「OpenSea」在 2022 年 1 月中旬的交易量已經超越 2021 年 8 月所創下的最大單月交易量 34 億美元，因而掀起熱議。

NFT 的交易十分熱絡，究竟「NFT」= Non-Fungible Token（非同質化代幣）是什麼？其發行、交易、持有到底有何意義？運用之後，能獲得什麼好處？大多數的人應該都毫無概念，只不過似乎在電視新聞看過這個關鍵字吧！就連我自己在舉辦 NFT 研討會或接受採訪時，也深切地感受到，要清楚說明這個主題有多麼困難。

因此這本書的目的，是讓想進入 NFT 世界的讀者，可以掌握堪稱自網際網路以來，劃時代革命的區塊鏈與 NFT，藉由視覺化的表達方式，講解 NFT 的基本知識與 NFT 商業應用。

我自 2017 年底，亦即 NFT 的早期階段，就以區塊鏈遊戲為主題，提供各種建議。其實我原是一名律師，主要執業領域為數位遊戲內容，藉此累積與日本內容產業合作的經驗。後來，比特幣等虛擬貨幣急速成長，轉而投入金融法規的世界，成為日本金融廳的全職人員，負責規劃區塊鏈相關法律修正案。原本我只

想增加律師的專業領域，沒想到市場上竟掀起一陣 NFT 熱潮。很少人同時精通數位內容以及區塊鏈的法律問題，因此我很幸運地接到了各種諮詢案件。

2021 年 10 月我以發起人及共同編輯代表的身分，出版了由多位 NFT 專家們共同撰寫的《NFT 教科書》（朝日新聞出版），幸運的是，這本書至今仍受到讀者們的熱烈支持。

約莫在當時，各大知名 IT 公司紛紛宣布加入 NFT 市場，電視新聞節目也常推出介紹 NFT 的單元，即使是過去對 NFT 毫無興趣的人，也有很多看到或聽到 NFT 這個名詞的機會。

在這種背景下，我希望這本書能藉由插圖及淺顯易懂的說明，讓仍不熟悉區塊鏈及加密資產的人也能了解 NFT 商業應用概況。

「我常在各大媒體聽到 NFT 這個名詞，可是還是不太了解」、「我想運用NFT 做生意」……，這本書除了可以解決這些煩惱之外，也會介紹想用 NFT 賺錢時，一定會碰到的法律及財務問題。換句話說，這本書充分運用了我身為一名「NFT 綜合顧問」所累積的經驗。

倘若這本書可以幫助你深入了解 NFT，讓你在未來的日常生活中或工作上能運用 NFT，我將深感榮幸。

增田雅史

Contents

Chapter 1

將數位資料變成資產！「NFT商業應用」的前景

Chapter 2
NFT 商業應用的大前提！「區塊鏈」的基本知識

Chapter 3
實踐！
從 NFT 獲利的捷徑

Chapter 4
避免發生問題！
徹底運用 NFT 必備的法律與會計知識

Chapter 5
音樂、時裝、運動⋯⋯運用廣泛的 NFT 商機

Chapter 6
十年後世界將大幅改變！
未來 NFT 商業應用預測圖

將數位資料變成資產！
「NFT 商業應用」的前景

NFT 是「新一代數位資產」。
本章將介紹近年來，迅速受到全球關注的 NFT
究竟有何魅力及其大受歡迎的原因。

01 「NFT」 究竟是什麼？

近年來，「NFT」成為全球關注的新一代數位資產。在拍賣市場上，NFT曾拍出數十億日圓的價格，因而被新聞媒體大肆報導。就連在臺灣，NFT 的知名度也愈來愈高。具體而言，NFT 究竟是什麼？

「NFT」這個字是「**Non-Fungible Token**」的縮寫，中文是「**非同質化代幣**」。「非同質化」的意思是無可取代，而「代幣」是指有著某種價值的代用貨幣或兌換券。因此，NFT 是「**在網路上交易，擁有獨一無二價值的數位資產**」。NFT 的價值是利用名為「區塊鏈」的技術來保障（請參考 Chapter2）。

NFT 是什麼單字的縮寫？

保障
價值

區塊鏈技術

N = **Non**（非）

F = **Fungible**（同質化）

T = **Token**（代幣、兌換券）

=

**「具有獨一無二價值的
數位資產」**

聽到數位資產這幾個字，應該很多人會想到比特幣（BTC）或以太幣（ETH）等「加密資產（虛擬貨幣）」。可是，這些是每個貨幣單位都擁有同等價值的「FT（同質化數位資產）」。例如即使 A 與 B 交易了各自持有的一元比特幣，彼此的資產價值也不會產生差異。

然而，每個 NFT 都有著世上獨一無二的特殊價值，無法輕易取代。請先記住，NFT 具有「獨一無二」的特性，同樣是棒球，上面加上知名選手的簽名或無名小卒的簽名，兩者的價值迥然不同。

NFT 的性質與運用案例

NFT 具有特定價值，不可取代

知名選手的簽名　≠　無名小卒的簽名

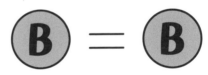

FT 沒有特定價值，可以取代（加密資產等）

A 的一元比特幣　＝　B 的一元比特幣

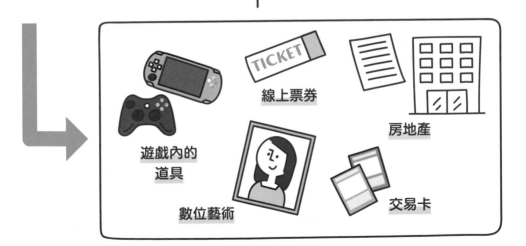

遊戲內的道具

線上票券

房地產

數位藝術

交易卡

發揮「獨一無二」的特性
可望運用在廣大領域

02 飛快加速的 NFT商業應用市場

包含日本在內,全球有許多企業都宣布加入逐漸熱絡的 NFT 市場。以下將分析日後成長可期的 NFT 市場規模,同時一併說明 NFT 市場急速擴大的背景。

2020 年 NFT 的市場規模約為 300 億日圓,到了 2021 年迅速擴大,光是上半年就達到約 2,840 億日圓。之後,7 ~ 9 月創下單月 1 兆 2,000 億日圓的銷售記錄,呈現爆發性成長。NFT 以驚人的速度持續發展,而延續這種盛況的原因大致可以分成三個。

第一個原因是在 NFT 之前,比特幣等加密資產已從投資者開始擴大到全球。加密資產和 NFT 一樣,都是建構在稱作「區塊鏈」的技術上。這種加密資產向市

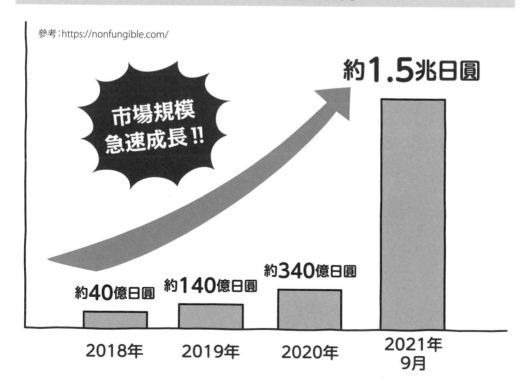

NFT 的市場規模趨勢

參考:https://nonfungible.com/

約1.5兆日圓

市場規模
急速成長!!

約40億日圓　約140億日圓　約340億日圓

2018年　2019年　2020年　2021年
9月

場展現了高安全性及成為投資對象的期待，使得與其有關的 NFT 也比較容易被大眾接受。

接著第二個原因是，實際交易 NFT 的交易平台發展較為完善。除了號稱全球規模最大的「OpenSea」之外，日本大型企業「Coincheck」也推出獨家的 NFT 平台「Coincheck NFT」β 版。

第三個原因是，NBA、足球等大量 IP 內容或名人加入，讓更廣大的使用者接觸到 NFT。這些原因引起了 **內容及權利的流通革命**，使得 NFT 市場迅速擴大。

NFT 急速成長的三大原因

❶ 相關加密資產興起

❷ 完善的交易平台

❸ 大量IP及名人加入NFT

03 大量運用NFT的類別

NFT 的市場急速擴大，實際上究竟有哪些類別運用了 NFT ？大部分的人仍無法想像吧！以下將具體介紹在全球市場中 NFT 的主要類別。

根據 NFT 資料分析網站「NonFungible.com」公布的資料顯示，2021 上半年 NFT 市場交易最頻繁的是「**收藏品**」類別。收藏品是指郵票、古錢幣、卡牌等以持有、收集為主要目的而進行交易的 NFT 種類。

投資者認為，NFT 具有「獨一無二」的**稀少性**，十分有價值，預估未來價格可能翻倍而持續交易。其中甚至有高達數十億日圓的商品，使得媒體競相報導，讓 NFT 交易變得更加熱絡。

NFT 的熱門類別 TOP5

收 藏 品　部分NFT具有稀少性及高收藏價值，
受到收藏家或投資者的喜愛

例:CryptoPunks等

「收藏品」類NFT的特色

● 數量有限，極為稀少

● 有多種設計類型，可以刺激收集欲望

● 許多商品是在NFT早期製作，具有歷史價值

緊接在收藏品之後的熱門類別是「運動」。以知名球星如足球、籃球等為題材的數位卡牌遊戲愈來愈受歡迎，而收集實際比賽關鍵場景的「精彩時刻（Moment）」短片，也曾以數千萬日圓交易出售。

除此之外，知名畫家等製作的「藝術」類 NFT、把遊戲中使用的道具轉換成 NFT 的「遊戲」類 NFT、把虛擬世界元宇宙內的土地及建築物等，轉換成 NFT 的「元宇宙」類 NFT 也非常熱門。

運　動　把運動比賽的關鍵性或難忘的場景轉換成 NFT，
格外受到粉絲喜愛

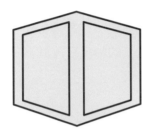

例：知名場景的短片等

「運動」類NFT的特色

- 把知名場景變成自己所有，刺激粉絲的「持有欲」
- 也可以當作卡牌遊戲

藝　術

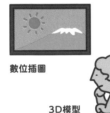

數位插圖

3D模型

這是有高藝術價值的NFT，例如知名藝術家製作的數位插圖、3D模型等

遊　戲

把特定遊戲內可以使用的項目（武器、替身）轉換成NFT

元宇宙

虛擬空間

把受到矚目的新一代虛擬空間「元宇宙」內的土地及項目轉換成NFT

04 NFT源自區塊鏈遊戲

現在 NFT 已經運用在各種類別,如運動、藝術等,在社會上的知名度也快速上升,沒有專業知識的一般民眾也逐漸意識到 NFT 的存在。但是 NFT 最初受到矚目的契機是什麼呢?

NFT 之所以如此風行的原因之一,是受到最古老的區塊鏈遊戲「**CryptoKitties**」的影響。這款在 2017 年 11 月底發行的遊戲可以買賣、繁殖虛擬貓咪,藉此收集不同種類的貓,內容非常簡單。與一般遊戲唯一的差別在於,這款遊戲使用了「區塊鏈」技術,將角色轉換成 NFT,賦予每隻貓獨一無二的特色。因此玩家們認為自己擁有的貓咪無可取代,非常特別,進而衍生出價值。

將 NFT 推廣至全球的「CryptoKitties」是什麼?

CryptoKitties

**據說這是全球第一款區塊鏈遊戲。
玩家為了收集貓咪,而透過
以太幣(加密資產)進行買賣、繁殖**

記錄
身分資料

區塊鏈

記錄所收集的貓咪之身分資料,
保證這是本尊

獨一無二的貓咪

熱衷遊戲的玩家們利用以太幣（加密資產）買賣、出租貓咪，藉此收集各個品種，透過不斷繁殖，取得更珍貴的稀有貓咪。這樣的過程讓交易逐漸熱絡，進一步吸引了注意到 NFT 資產價值的投資者加入，甚至有部分貓咪的身價高達 1,000 萬日圓以上。

因熱衷 CryptoKitties，而將 NFT 推廣至全球，並認同其價值的人愈來愈多，使得 NFT 商業應用也逐漸熱絡。

玩家的想法

玩家以收集或投資為目的，買賣或繁殖貓咪，藉此獲得更珍貴的品種

我想向別人炫耀得到一隻珍貴的貓咪！

我想購買價格可能上漲的貓咪來轉賣！

收藏者

投資者

買賣 透過以太幣（加密資產）買賣貓咪

繁殖 貓咪交配時，其身分資料的功用就像基因，可以遺傳給下一代

這隻貓很稀有，所以價格比較高

雖然有點貴，但我想買下牠！

貓

賣家

買家

以太幣

A貓

交配

B貓

有時可能因突變而生出珍貴的貓

C貓

05 數位藝術推動NFT市場

2021 年 3 月有一件 NFT 藝術以驚人的成交價 75 億日圓售出，成為頭條新聞。這件讓 NFT 廣為人知的藝術品究竟是什麼樣的作品？為什麼如此有價值？

2021 年 3 月全球深受新冠病毒所苦之際，有件 NFT 藝術拍賣出 75 億日圓的高價，成為當時的爆炸性新聞，吸引許多人的注意。出現在全球最老拍賣會「Christie's（佳士得）」上的這件數位藝術，由平面設計師 Beeple 製作，標題為「Everydays–The First 5000 Days」。Beeple 花了超過 13 年的時間，把製作出來的 5,000 張作品拼貼成數位影像。

價值高達 75 億日圓的 NFT 藝術？

什麼樣的作品？

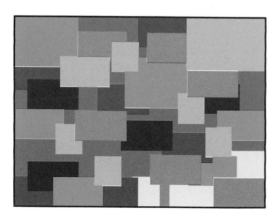

「Everydays –The First 5000 Days」

這是 Beeple 創作的數位藝術。
這件作品是由 Beeple 製作的 5,000 張
數位影像拼貼而成

這件作品是用我每天繪製的插圖，共 5,000 張拼貼而成

Beeple

全球最大 NFT 基金「Metapurse」的創始人 Metakovan 以約 75 億日圓買下這件作品。他表示，這件作品展現出 Beeple 耗時 13 年的創作成果，他認為花費這麼久的時間，非常有價值，因此用如此高的價格標下。

這則新聞傳遍全球，讓所有的人都知道 NFT 的存在，同時也大幅提高了使用該技術、「獨一無二」的數位藝術價值。受到這件事的影響，全球開始開發 NFT 交易平台，未來 NFT 藝術的買賣應該會更加熱絡。

得標者是誰？

全球最大 NFT 基金「Metapurse」的創始人 Metakovan

Metakovan

約 75 億日圓得標！！

唯有時間無法被數位破解

NFT 藝術以約 75 億日圓的價格售出

成為全球的大新聞！

NFT 實在很厲害……

一般民眾也因此得知 NFT 的存在

06 社群媒體貼文變成數億日圓!?
──高價交易NFT實例①

高價出售的 NFT 不只有具收藏價值或高藝術性的商品而已。在數位史上，有紀念價值的資料，即使是簡短的文字，轉換成 NFT 之後，也能賣出令人難以置信的天價。

2021 年 3 月在知名社群媒體「Twitter」發布的「文字」轉換成 NFT 之後，以約 3 億日圓的價格售出，因而成為熱門新聞。Twitter 在 2006 年出現，是任何人都可以發布短文的溝通工具，現在是具有代表性的社群媒體之一，全世界的人都在使用。換句話說，Twitter 可說是社群媒體界的先驅，在數不盡的 Tweet（推文）中，有著 3 億日圓價值的推文內容究竟是什麼？

價值 3 億日圓的推文？

什麼是Twitter？

這是發布短文，用來公開、交換資訊的溝通工具。
全球的有效使用者超過3億人

社群媒體界
的先驅！

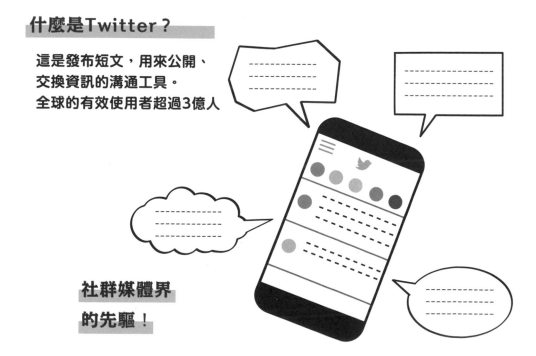

只不過是發布在網路上的短文，竟然這麼有價值，讓人不敢置信。但是如果那則推文是在人類史上具有**紀念**價值的推文呢？沒錯，這則價值高達 3 億日圓的推文就是由 Twitter 創辦人之一的 Jack Dorsey 所發布，全球第一則推文。文章本身只有 5 個字「just setting up my twttr」，非常單純，但是若從改變人類溝通方式，具有紀念性的第一則推文來看，可說具有極高的歷史價值。我們從這個案例可以明白，影響 NFT 價值的並非只有稀少性與收藏性的高低。

具有話題性的推文？

- 由Twitter創辦人之一的 Jack Dorsey發布
- 世界上第一則發布的推文

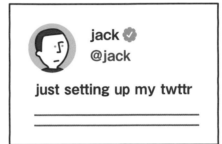

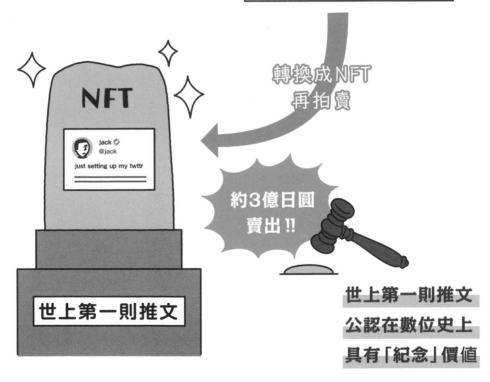

轉換成NFT 再拍賣

約3億日圓 賣出‼

世上第一則推文 公認在數位史上 具有「紀念」價值

07 小學生製作的NFT大受歡迎！
——高價交易NFT實例②

才剛被大眾認識的 NFT 市場雖然還不穩定，卻蘊藏著爆發性的成長潛力，時機對的話，NFT 的價格可能突然翻倍。以下將介紹一名小學生剛好搭上 NFT 價格暴漲熱潮的案例。

2021 年 9 月一名國小三年級的學生製作的暑期自由研究引起關注。他的媽媽是一名藝術家，當他在電視新聞中看到 NFT 藝術之後，產生了興趣，希望自己可以挑戰看看。他製作了以圓點繪製，名為「Zombie Zoo」的 NFT 藝術系列，作品設計結合了自己最愛的遊戲裡出現的殭屍、動物等角色。畢竟這是小學生的創作，符合其年齡的簡單圖示雖然獨特，卻沒有技術與經驗當作後盾，缺乏一般定義的藝術性。

小學生成為知名的 NFT 藝術家!?

起因是電視新聞

12歲少年製作的
NFT藝術
高價賣出

你要不要當作
暑期的自由研究
試試看？

我要試！

男孩
（國小三年級）

母親
（藝術家）

或許因為這是 8 歲孩子製作的 NFT，讓人覺得有趣，使得作品陸續售出，最後因知名虛擬藝術家「Lil Miquela」的製作人 Trevor McFedries 把訊息散布到網路上，讓作品的人氣扶搖直上。這位男孩的 NFT 藝術在市場上被高價交易，**二次銷售（轉賣）**時的得標價格曾達到 80 萬日圓以上。原本售價只有 2,300 日圓，不過多數 NFT 市場平台提供創作者設定二次銷售手續費（權利金）的功能，所以交易金額中，有一定的比例將成為男孩的收益。據說當時的總金額超過 80 萬日圓。

因國外名人的影響而一舉成名！

賣出去的話，我想買卡牌遊戲擴充包……

「Zombie Zoo」系列

We love @ZombieZooArt

Zombie Zoo Keeper

Trevor McFedries

交易金額中有一定比例成為創作者的收入

有名人把它變成Twitter的圖示，使得愈來愈多人想購買男孩的藝術品

E 加密資產

想藉由名氣賺錢的投資者

Zombie Zoo

想把流行的藝術品當作彰顯個人身分的人

二次銷售（轉賣）變得頻繁，使得價格高漲

08 燒掉Banksy的畫作轉換成NFT？
—— 高價交易NFT實例 ③

身分不明的藝術家 Banksy 屢屢震撼全世界。其作品的交易金額常高達到數千萬日圓。利用其高話題性，最近出現了把 Banksy 的作品變成 NFT 藝術再銷售的行為。

Banksy 是全球知名的匿名藝術家，以創作街頭諷刺藝術為主。他曾有過在未取得美術館或博物館的許可下，擅自陳列自己作品的極端行為，還有使用放在畫框內的碎紙機，把拍賣會場上競標的個人畫作裁碎，這種出人意表的點子吸引人了眾人目光，該作品也高價售出。

將 Banksy 的作品轉換成 NFT 後再燒毀

關於Banksy的作品

『Morons』 這是中文名稱為《愚者們》的插畫作品。背後隱藏的訊息是諷刺對拍賣感興趣的人們「I can't believe you morons actually buy this shit. (我真不敢相信你們這些愚蠢的人們買下了這種狗屎作品)」

原本價值為 **400萬日圓**

打算買下
再轉換成NFT

加密資產愛好者團體
「Injective Labs」

2021 年 3 月 Banksy 的作品持有者將《Morons》轉換成 NFT 後再燒毀，因而引起熱議。這個過程在 YouTube 公開之後，變成 NFT 藝術的《Morons》被拿出來拍賣。這個案例在全球引起廣泛討論，失去了原畫（實體）的數位藝術是否有價值？ **NFT 有藝術價值**嗎？還是純粹只是一個噱頭，大家各持己見。最後拍賣結果是，原始創作的價值約為 400 萬日圓，轉換成 NFT 的《Morons》得標金額約 4,000 萬日圓。這個案例除了讓我們見識到 Banksy 作品的高知名度，同時也向社會大眾證明了 NFT 藝術的藝術價值。

引發爭議的NFT藝術

掃描後變成 **NFT**

實體《Morons》　　　　　NFT的《Morons》

轉換成NFT後燒毀　　　　　出現在拍賣網站上

燒毀變成灰燼

約 4,000萬日圓 拍出

證明NFT藝術也具有藝術價值

09 NFT的四大特色

以下將透過實例說明 NFT 的概要。究竟 NFT 是什麼？我想你應該已經掌握了大致的概念。接下來要進一步整理 NFT 的特色，加深你對 NFT 的理解。

NFT 的第一個特色是可以與其他資料區別的「**唯一性**」。前面提過，利用「區塊鏈」技術可以分別給予 NFT 特定的識別資料。因此 NFT 能以不易竄改本身出處及交易記錄的型態，衍生出無法拷貝或複製，真正「獨一無二」的價值。

第二個特色是數位資料能任意交易的「**可交易性**」。NFT 的買賣是利用區塊鏈技術，在安全的網際網路上進行，可信度高，而且資料的性質與實際物體不同，可以輕易轉移、交易。

NFT 的四大特色

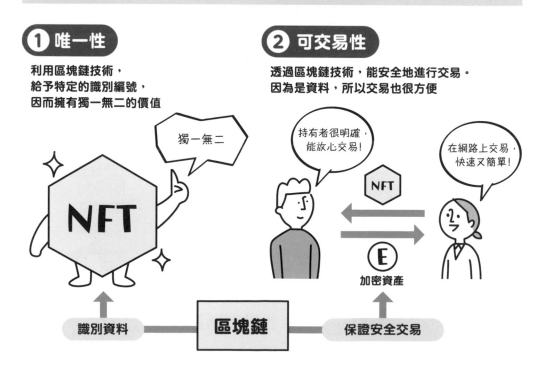

① 唯一性

利用區塊鏈技術，
給予特定的識別編號，
因而擁有獨一無二的價值

獨一無二

NFT

② 可交易性

透過區塊鏈技術，能安全地進行交易。
因為是資料，所以交易也很方便

持有者很明確，
能放心交易！

在網路上交易，
快速又簡單！

NFT

Ⓔ 加密資產

識別資料　　區塊鏈　　保證安全交易

第三個特色是使用共同規格的「**相互操作性**」。現在大部分的 NFT 是使用「ERC721」規則，在以太坊上發行，只要能支援，就可跨多個錢包或交易平台。

最後第四個特色是，使用智慧合約（在區塊鏈上可以自動執行簽約的機制）的「**可程式性**」。在 NFT 的交易中，可以先用程式設定二次銷售（轉賣）時的手續費或限制交易數量等相關規定再自動執行。

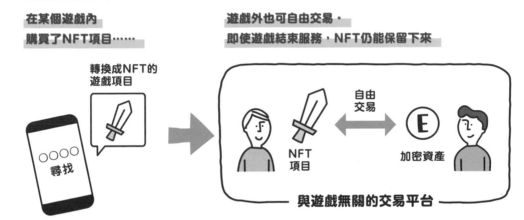

③ 相互操作性 只要NFT有共通的規格標準，就能跨不同服務運用

在某個遊戲內
購買了NFT項目……

遊戲外也可自由交易，
即使遊戲結束服務，NFT仍能保留下來

轉換成NFT的遊戲項目

尋找

NFT項目

自由交易

加密資產

與遊戲無關的交易平台

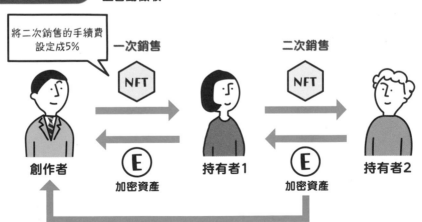

④ 可程式性 自行製作的 NFT 可以自訂二次銷售（轉賣）時的手續費並自動徵收

將二次銷售的手續費設定成5%

一次銷售

NFT

二次銷售

NFT

創作者

加密資產

持有者1

加密資產

持有者2

可以設定交易金額的 5% 當作創作者的收入

10 NFT的可能性 ①
——受到全球矚目的日本智慧財產商業應用

日本引以為傲的漫畫、動畫、遊戲等 IP（智慧財產權）內容，有幾項在全球名列前茅。只要將這些內容投入 NFT 領域，市場應該會變得更熱絡。

在處於狂熱狀態的 NFT 界，數億、數十億的龐大資金流動早已司空見慣。其中，眾人期待成為引爆市場的火種，讓交易變得更熱絡的是日本知名 IP 加入 NFT。IP 的縮寫是「Intellectual Property（智慧財產）」。具體而言，運用漫畫、動畫、遊戲等創作物，製作成商品販售或舉辦展覽，就屬於 **IP 商業應用**。

日本是全球知名的 IP 內容大國，例如電玩遊戲《寶可夢》及源自漫畫的卡牌遊戲《遊☆戲☆王)》等，都是翻譯成多國語言，深受全球喜愛的內容。

何謂 IP（Intellectual Property）

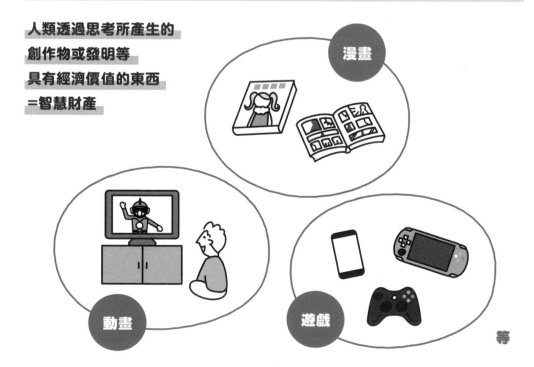

人類透過思考所產生的
創作物或發明等
具有經濟價值的東西
＝智慧財產

漫畫

動畫

遊戲

等

如果這些知名內容加入 NFT 會如何？世界各地的粉絲們，絕對會因為想取得只屬於自己的寶可夢或卡牌而進入市場吧？這就是 IP 商業應用的新序曲。除此之外，NFT 也可能改變日本擅長的電玩遊戲。事實上，菲律賓現在很流行能將遊戲內的貨幣換成現金的 NFT 遊戲《Axie Infinity》，有人甚至一整天花好幾個小時玩遊戲，藉此賺錢維生（請參考 Chapter 6）。日本也可以利用強大的 IP 來開發這種 NFT 遊戲。

如果日本的 IP 內容加入 NFT ？

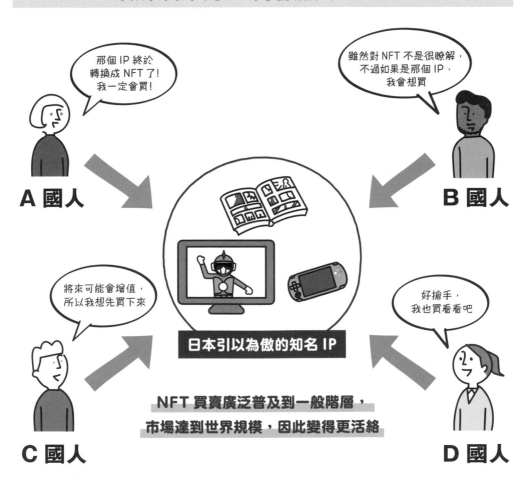

那個 IP 終於轉換成 NFT 了！我一定會買！

A 國人

雖然對 NFT 不是很瞭解，不過如果是那個 IP，我會想買

B 國人

將來可能會增值，所以我想先買下來

日本引以為傲的知名 IP

好搶手，我也買看看吧

NFT 買賣廣泛普及到一般階層，市場達到世界規模，因此變得更活絡

C 國人

D 國人

11 NFT的可能性 ②
——NFT衍生的商機

除了漫畫、動畫、遊戲之外，對於擁有運動、音樂、電影等內容的業者而言，運用 NFT 所帶來各式各樣的機會，究竟有那些商機呢？

持有內容或權利的業者，運用 NFT 的優點之一，就是可以加強「**粉絲交流**」（這個部分將在 Chapter 5 詳細說明）。在體壇，屬於數位資料的 NFT 交易卡可以二次銷售，因而受到粉絲及收藏家的青睞，很常以高價交易。而運動非常適合打造成遊戲，日本職業足球聯賽等已經著手開發使用交易卡的遊戲。音樂界也開始販售只有擁有 NFT 的人才能聆聽的服務，還有銷售特殊活動的 VIP 卡，藉此

利用 NFT 加強與粉絲交流

日本有世界第一的
IP 內容　　-NFT➔　　運用在粉絲交流

取代目前主要的訂閱方式，這種衍生出來的新商業模式不再只是夢想。近年來，有愈來愈多製作動畫、電影的創作者透過群眾募資的方式籌措資金，吸引顧客，但是運用 NFT 可以與粉絲進行中長期而不是一次性的溝通，例如出售下次作品的優先權。

無論如何，NFT 商業應用的成功關鍵，在於發揮 NFT 或區塊鏈的特性，包括「證明獨一無二」、「可以傳送或轉移價值」、「無法拷貝或竄改」、「可以追蹤交易」，同時思考 NFT 的必要性以及對粉絲、使用者而言的優點。

運 動

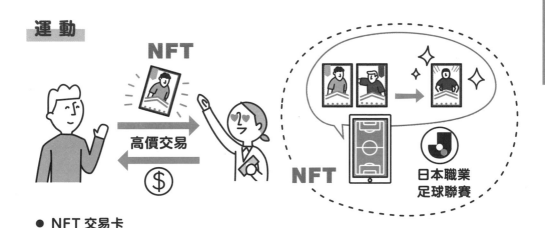

- NFT 交易卡
  因為可以二次銷售
  而非常受歡迎

- 使用者可以彼此買賣
  遊戲內累積的明星卡

音 樂

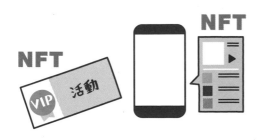

- 以 NFT 銷售特定活動的 VIP 卡
- 提供只有擁有 NFT 的人
  才能聆聽的服務

動畫或電影

- 和群眾募資一樣，
  能與粉絲進行中長期溝通

12 NFT的可能性③
—— 藝術的演進

前面介紹了幾個 NFT 藝術的實例。其實 NFT 藝術也有潛力實現傳統藝術作品無法達到的目標，究竟 NFT 會為藝術帶來什麼樣的變化呢？

第一是「**證明**」一百年前或兩百年前藝術作品的真實性或交易記錄。現實生活中的藝術作品，當藝術家過世之後，或仍默默無聞時的創作，甚至是未曾公開發表的作品，就連專業的鑑定師也很難判斷該作品是否為真跡。然而，運用區塊鏈技術的 NFT 藝術，在發行時以及後續的交易過程都會被記錄下來。「數位藝術有

NFT 實現了真正藝術品無法達成的目標

這是真跡嗎？無法分辨……真傷腦筋

NFT

所有交易記錄都存放在區塊鏈內

即使是專業的鑑定師，在作品的原創者過世之後，或作者在默默無聞時的作品，也很難判斷是否為真跡

1970年2月3日 A 創作　1982年2月1日 B 購買　2022年3月13日 C 購買

價值嗎？」或許有人仍感到半信半疑，不過藝術家認證的原創作品，經過形形色色的人轉手之後，最後之所以到了你的手上，不就是因為你是藝術家的粉絲而覺得有價值嗎？

第二是能永遠以作品發表當時的狀態鑑賞藝術品，而且運用 NFT 技術，可以創造出持續變化的藝術作品。例如，賦予數位藝術作品的所有者可以任意改寫的權利，最後或許會產生全新的藝術作品。此外，區塊鏈技術能記錄所有與該藝術品有相關的人員，極有可能創造出過去無法想像的全新藝術價值。

< 在持續變化的藝術作品中創造價值 >

重要的 NFT 商業用語 ①

1. 加密資產 (P13)

這是指在網際網路上的不特定多數者之間，可以當作支付商品對價的資產，又稱作虛擬貨幣。加密資產的種類形形色色，其中最知名的是比特幣。加密資產（虛擬貨幣）在「日本資金結算法」的定義如下。(1) 在不特定的多數者之間，可以用來支付款項，能兌換成法定貨幣（日圓等）。(2) 可以執行電子記錄及轉移。(3) 並非儲值卡等法定貨幣建立的資產。近幾年來，加密資產在全球各地的種類及總額持續增加，可是這種資產並非完美無缺。其中一個缺點是價值變動劇烈，風險極大，還可能被竊或被駭。此外，還有一點必須特別注意的是，在日本透過加密資產（虛擬貨幣）獲得的收入，最高需支付超過 50% 的稅金。

2. 交易平台 (P15)

交易平台（Marketplace）原本是指買賣商品的「市場」，但是後來轉變成在網際網路上，賣家與買家自由交易的平台。交易平台大致可以分成企業與個人。一開始是執行企業之間的電子交易（B to B EC），但是最近集合了電子商店的「電子商城」或個人之間交易商品的自由市場 app 也開始迅速普及。企業交易平台對加速、提升企業之間的商品交易，以及大幅降低成本有著極大的貢獻。不過，以消費者為主的交易平台規模逐漸超越了企業交易平台，知名的交易平台包括 Amazon 交易平台、樂天市場、Yahoo! 購物等。

3. 二次銷售 (P25)

這是指在自由市場或拍賣會場售出的商品再次流通。一次銷售是指企業採購商品，透過門市或網路銷售。現在主要的經濟活動為一次銷售，但是將來二次銷售在經濟活動的占比應該會逐漸提高。隨著網際網路的普及，個人之間（C to C）的二次銷售規模也持續擴大，大家最熟悉的包括 Mercari、Yahoo! 拍賣等。2018 年日本二次銷售的總額高過 2 兆日圓，其中服飾類的成長率尤其顯著。此外，消費大眾的想法能從用過就丟，轉變成重複利用（與環保議題有關），二次銷售市場扮演了很重要的角色。

4. 相互操作性 (P29)

這個名詞的英文是 Interoperability，又稱作相互接續性。這是指把多個不同的結構組合在一起，整體可以正常發揮功用的機制，還有運作程度。這個名詞常運用在 IT、軍事、經濟等各個領域。一般而言，隨著相互操作性提升，可以促進該領域的方便性、迅速性，給予更多人更大的利益，多數企業也持續努力提高相互操作性。

5. 可程式性 (P29)

這是指使用程式設計語言，可以管理、運用網路管理的機制。可程式性（Programmability）的中文也翻譯為「可以程式設計」或「可程式化」等。一般而言，具有可程式性的機制能利用程式，隨意設計如何運作、管理環境，與只能事先決定用法的情況不同。在區塊鏈的世界裡，最具代表性、有可程式性（可以程式設計）的區塊鏈就是以太坊。

6. ERC721 (P29)

這是以太坊區塊鏈發行 NFT 時，最常用的規格。ERC721 定義了與擁有、轉送代幣有關的基本功能。加密資產因為當作貨幣使用，每個貨幣都有一樣可接受的價值（代幣），但是ERC721 是唯一的項目，不可取代。在以太坊上發行 NFT 時，也常用 ERC1155。此外，還有命名為「Creators' Royalty Token standard」的 ERC2571，可以讓 NFT 本身擁有二次銷售時的權利金比例資料。

7. 訂閱 (P33)

這是代表定期訂購、持續購買的商業名詞。訂閱（Subscription）是提供顧客或使用者每次或每年支付一次費用後，可以取得的服務；具有代表性的訂閱服務包括影片訂閱服務Netflix、音樂訂閱服務 Apple Music 等。這些服務的優點是只要支付一定的費用，就能無限制觀看影片或聆聽音樂；另一個優點是，隨時可以解約，還能根據需求持續更新。近年來，日本訂閱市場的規模持續擴大，2023 年預估企業與個人之間的規模可達 1.4 兆日圓，企業之間的規模可達 6 兆日圓。

8. 群眾募資 (P33)

這是透過網際網路，公開自己的活動或夢想，從產生共鳴或想提供援助的人取得資金的系統。群眾募資（Crowdfunding）是英文 Crowd（群眾）與 Funding（募資）合在一起的複合名詞。現在群眾募資在全球各地的各個領域都有不同的專案在進行，包括對發展中國家的經濟援助、商品開發、獨立電影等。群眾募資大致可以分成三種：購買型是購買商品或服務；捐贈型是以捐贈方式籌募資金，不收取任何東西；金融型是透過發行股票等方式取得資金，購買者可以獲得股票等有價證券。

Chapter 2

NFT 商業應用的大前提！
「區塊鏈」的基本知識

NFT

jack
@jack
just setting up my twttr

世上第一則推文

要踏入 NFT 市場，
必須具備區塊鏈的知識。
以下將介紹讓你可以深入了解
區塊鏈的基本知識。

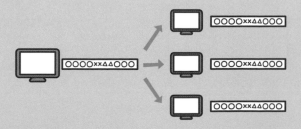

01 「區塊鏈」究竟是什麼？

近年來隨著數位化轉型，數位商業交易日益蓬勃發展，其中最受矚目的是用來處理加密資產所開發的「區塊鏈」。然而，區塊鏈究竟是什麼呢？

「區塊鏈」是為了可以更有效率、安全地進行現已成為主流的數位商業交易而開發出來的基本技術。

這種技術原本是設計成加密資產（虛擬貨幣）比特幣的「**交易記錄綜合帳本**」。使用連接網際網路的多台電腦，把整合成區塊的正確記錄連接成鎖鏈（鎖）狀，不斷累積，因而命名。結果有許多人誤以為「區塊鏈＝比特幣」，但是廣義來說，

區塊鏈有何優點？

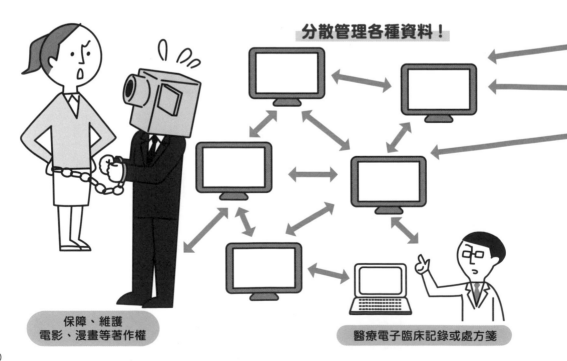

分散管理各種資料！

保障、維護
電影、漫畫等著作權

醫療電子臨床記錄或處方箋

區塊鏈可以統一管理交易資料，包括維護、簽訂數位內容、管理物流系統等，用途多元，有時也可以當作共享型的網路資料庫。區塊鏈是各種複雜的元素組合所完成的技術，沒有固定的定義，唯一可以確定的是，只有被參加者認可的資料才是有效的。

現在除了比特幣的區塊鏈之外，還有各式各樣的區塊鏈。這些區塊鏈的本質都是「帳本共享」，因此現在正致力於在多個相關企業之間使用區塊鏈，即時共享資料。隨著近年數位化轉型的發展，區塊鏈的運用受到矚目，也令人十分期待。

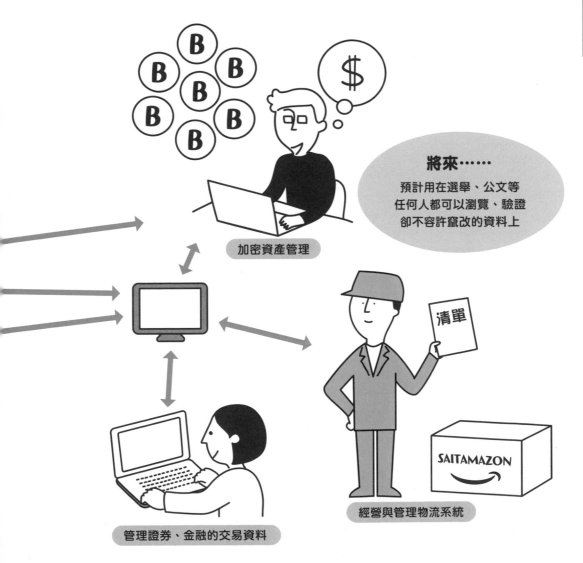

將來……
預計用在選舉、公文等
任何人都可以瀏覽、驗證
卻不容許竄改的資料上

加密資產管理

清單

SAITAMAZON

經營與管理物流系統

管理證券、金融的交易資料

02 區塊鏈的特色① 沒有中央機構當作管理者

在傳統的網際網路上，銀行及公家機關負責透過數據及個人資料的交易來確保信用無虞。可是區塊鏈出現之後，已經建構出沒有管理者，也能擔保信用的機制。

過去互相不認識的不特定多數參加者，要在網際網路上直接進行金錢交易或簽約極為困難，因為被第三者惡意使用的風險很高，所以一直以來都是由政府、中央銀行、民間銀行、信用卡公司等保證公共信任的管理者（中央管理者），在伺服器上保管數據或個人資料，負責仲介交易。

可是後來出現的區塊鏈實現了**非中央集權式系統**的目標，可以由所有參加者而非管理者驗證交易的正當性，確認值得信任，因而受到矚目。

公有與私有的差別？

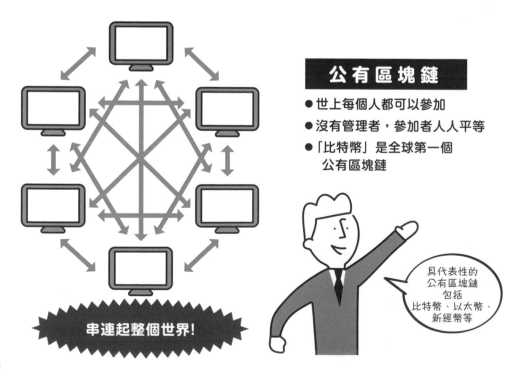

公有區塊鏈

- 世上每個人都可以參加
- 沒有管理者，參加者人人平等
- 「比特幣」是全球第一個公有區塊鏈

串連起整個世界！

具代表性的公有區塊鏈包括比特幣、以太幣、新經幣等

區塊鏈大致可以分成公有區塊鏈及私有區塊鏈等兩種。公有區塊鏈是每個人都可以建立節點（網狀結構的構成元素），加入網路的系統。交易完全公開，並具有所有參加者都同意的唯一交易記錄。

然而，由中央管理者決定參加者的私有區塊鏈，是由少數特定的參加者迅速批准交易，快速完成處理，能控制記錄在區塊鏈內的資料。

私有區塊鏈

● 參加者要經過管理者的許可

● 通常需要某些資格才能加入，必須經過批准，因此能掌控參加者的總數

管理者

具有代表性的私有區塊鏈包括 Hyperledger Fabric Mijin 等

未經許可無法加入！

03 區塊鏈的特色② 用分散各地的電腦管理

區塊鏈是由分散各地的電腦來管理的系統。因此,不會因為部分電腦損壞而停止營運。這是 P2P 網路、區塊鏈最大的優點。

P2P 網路的名稱來自於有著對等之意的「Peer to Peer」,參加者的電腦稱作**節點**(node),同時負責使用服務功能的用戶端,以及提供服務或功能的伺服器端,透過分散在各地的電腦建立起網路。所有節點透過拷貝、共享相同的資料,讓整個系統執行運作。

不會停止運作的區塊鏈

過去的用戶端伺服器

● 更新服務時,只要在伺服器上變更即可,但是一旦發生故障,就會停機
● 管理、維運成本高

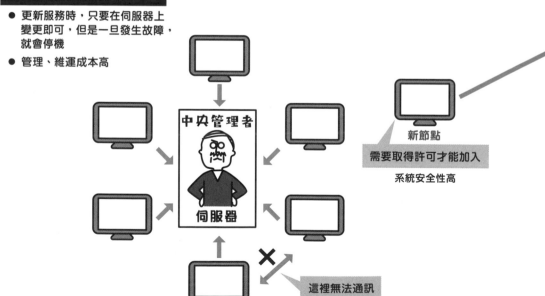

中央管理者
伺服器

新節點
需要取得許可才能加入
系統安全性高

這裡無法通訊

44

這樣可以解決單點故障的問題。換句話說，即使其中一個節點壞掉了，整個系統也不會因此無法運作，降低對整個網路的影響。這種網路的規模愈大，對故障的耐受性愈高。具備這種特色的系統稱作「**分散式系統**」。P2P 網路最大的優點是，可以盡量降低因事故導致整個系統停止的影響，長期持續穩定運作。

換句話說，節點的數量愈多，愈能建構出安全、具有信賴性的網路系統。

P2P 網路

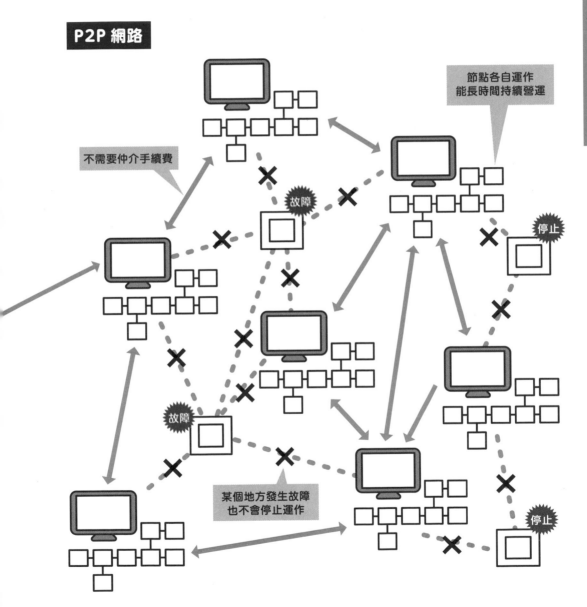

04 區塊鏈的特色③ 極難竄改

區塊鏈還有一個特色是，由世界各地的電腦保管過去所有的交易記錄。保存所有交易記錄有何好處？

區塊鏈會記錄從建立鏈之後到現在的所有交易，任何人都可以檢視這些內容，區塊每隔一段期間（比特幣約 10 分鐘）會記錄儲存「區塊」。這些區塊由鎖「鏈」連接在一起，把資料傳給下一個區塊，在該區塊儲存壓縮資料後的摘要。世界各地的電腦會保管以前所有的交易記錄，彼此競爭，同時產生新的區塊，有心人士幾乎不可能竄改交易記錄。

區塊鏈很難竄改！？

比特幣使用的是 **Proof of Work**（PoW，工作量證明）共識演算法，利用較為經濟的獎勵，計算競爭結果，讓區塊成功連結。然而，以太坊（後面會再詳細說明）希望使用的 **Proof of Stake**（PoS，持有量證明）是對應加密資產量及持有期間的產值（幣齡）愈多，愈容易連接區塊的共識演算法。不過這裡的前提是，擁有較高 PoS 值的人，不會採取讓加密資產價值下跌的非法行為。

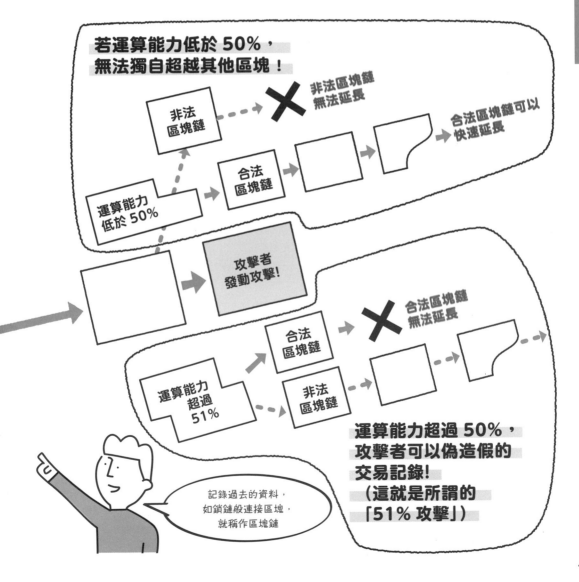

若運算能力低於 50%，無法獨自超越其他區塊！

非法區塊鏈

非法區塊鏈無法延長

合法區塊鏈可以快速延長

運算能力低於 50%

合法區塊鏈

攻擊者發動攻擊！

合法區塊鏈無法延長

運算能力超過 51%

合法區塊鏈

非法區塊鏈

運算能力超過 50%，攻擊者可以偽造假的交易記錄！（這就是所謂的「51% 攻擊」）

記錄過去的資料，如鎖鏈般連接區塊，就稱作區塊鏈

05 區塊鏈有三種類別

區塊鏈包括**公有區塊鏈**、**私有區塊鏈**、**聯盟區塊鏈**等三種。這三種區塊鏈在運用時，究竟各有什麼樣的優點呢？

區塊鏈大致可以分成公有區塊鏈、私有區塊鏈、及稱為「多管理者版本私有區塊鏈」的聯盟區塊鏈等三種類型。公有區塊鏈與私有區塊鏈的差別，在於加入的節點是否由特定管理者管理。

公有區塊鏈的典型代表為比特幣及以太坊，這是任何人都可以自由參加的非中央集權式區塊鏈。交易完全公開，具有獲得整體認同的唯一交易記錄。由於任何人都可以參加，可能混入想發動非法攻擊的惡意者，若超過半數的參加者皆心懷善

三種區塊鏈的特色？

● 區塊鏈的分類

	公有區塊鏈	私有區塊鏈	聯盟區塊鏈
管理者	×	○（單獨）	○（複數）
參加者	不特定多數人	僅限獲得許可的多位參加者	僅限獲得許可的多位參加者
形成共識	按照專屬的共識規則	管理者批准	管理者群批准

聯盟區塊鏈在形成共識時，不需要不特定多數人的共識，比較接近私有區塊鏈

意，就能建構出正常交易的網路。幾乎所有公有區塊鏈都有給予參加者加密資產當作報酬的機制，因此合法行為可以獲得更多好處。

然而，私有區塊鏈必須獲得批准才能參加，因此可以掌握運作中的節點總數。管理者在決定區塊鏈的規格時，也較容易獲得共識。聯盟區塊鏈是同一業界的企業共同經營的區塊鏈，只有事先核准的參加者才能建構網路。與私有區塊鏈最大的差異在於，聯盟區塊鏈是由特定多數負責經營。

私有區塊鏈與聯盟區塊鏈的差異

● 私有區塊鏈

管理者（單獨）

由管理者批准的參加者構成

● 聯盟區塊鏈

聯盟的意思是「協會」、「組合」，只有加入的人可以成為管理者

管理者（複數）

未獲得批准的人無法加入！

由特定管理群共同管理

06 由加密資產的代表「比特幣」解讀「區塊鏈」

最典型的區塊鏈，就是屬於加密資產的**比特幣**。任何人都可以輕易在網路上交易，只有參加者認同，才會產生價值，非常獨特。

近幾年「加密資產」的熱潮持續延燒，以下將介紹最具代表性的比特幣。

從 2009 年開始運作的比特幣，是以記錄在 P2P 網路上的分散式帳本，亦即區塊鏈的交易資料來表示。

世界上任何人都可以參加，所有交易都在網路上進行，即便是國際匯款，也能在短時間內完成，只要少許手續費，365 天每天 24 小時都可以使用。沒有管理

區塊鏈如何在加密資產中發揮作用

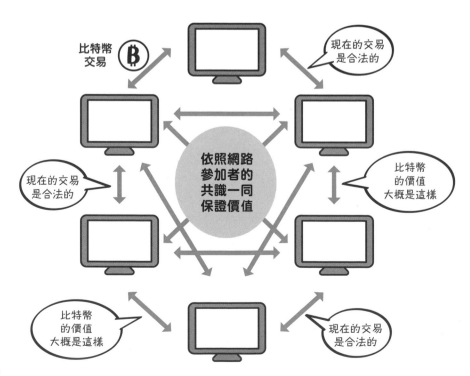

者，不需要證明身分的手續或銀行帳戶，只要有可以連接網際網路的裝置，例如智慧型手機或電腦就能使用。

建立錢包之後，任何人都可以交易比特幣。雖然比特幣是一種有著強烈投資印象的加密資產，但是對於在金融基礎設施不發達的國家、沒有銀行帳戶的人，以及重視個人隱私的人來說，比特幣非常有用。比特幣是具有獨特價值的數位資產，背後沒有美元或日圓等法定貨幣的支持。比特幣不依賴國家或政府，因為只有在多數參加者認同該系統有高利用價值時，才會產生價值。

完成交易的過程

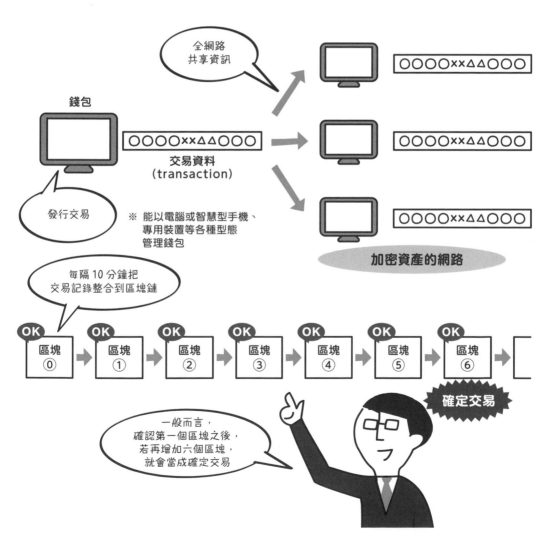

07 代表「交易」的「transaction」之功用與內容

 在區塊鏈上進行交易，只是利用記錄下來的交易記錄表示金錢的流動，並非轉移金錢。因此用來代表交易的 transaction，概念和複式簿記的帳本一樣。

「transaction」是指在區塊鏈上進行轉帳等交易。這是把某個錢包內的比特幣移動到其他錢包的指示記錄下來，透過這樣的交易記錄來表示金錢流動，當作交易資料，而不是在區塊上移動比特幣。

transaction 包括「INPUT」與「OUTPUT」兩種資料。INPUT 是匯款者持有的比特幣餘額，OUTPUT 是記錄收款者取得金額或比特幣的地址。

transaction 究竟是什麼？

傳送端

INPUT

A 的電子簽章與公鑰

錢包地址的餘額
3,000

先全部傳送

匯款者錢包地址的未使用交易輸出（UTXO）總計代表可以使用的金額上限。為了匯款而建立 transaction 時，會使用 UTXO。假設要匯款 1,000 元，如果 UTXO 沒有超過 1,000 元的預算，就無法匯款。在 INPUT 放入足夠的金額，把想匯到對方錢包地址的金額放在 OUTPUT，同時把餘額放在輸出端，並傳送到自己的錢包地址。transaction 的內容應等於 INPUT 及 OUTPUT 的加總。這和在複式簿記帳本中，「借方」與「貸方」要記入相同金額的道理一樣。

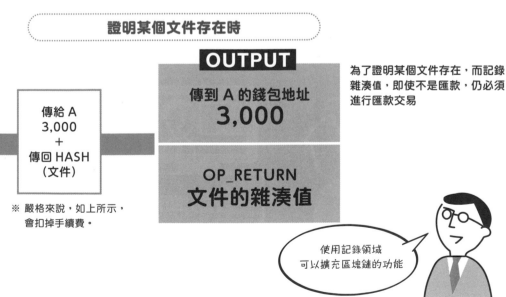

假設 A 要匯款 2,000 枚貨幣給 B

手續費
100

900 ← 返還

OUTPUT

傳到 B 的錢包地址
2,000

傳到 A 的錢包地址
1,000

B

※ 這是為了確保帳本的連續性所形成的機制。找回的錢當中要支付將 transaction 記錄在區塊鏈的手續費。

證明某個文件存在時

傳給 A
3,000
＋
傳回 HASH
（文件）

OUTPUT

傳到 A 的錢包地址
3,000

OP_RETURN
文件的雜湊值

為了證明某個文件存在，而記錄雜湊值，即使不是匯款，仍必須進行匯款交易

※ 嚴格來說，如上所示，會扣掉手續費。

使用記錄領域可以擴充區塊鏈的功能

08 區塊鏈技術不能缺少的「雜湊函數」是什麼？

「雜湊函數」已經普遍用來驗證網際網路上的檔案，是討論區塊鏈時，一項非常重要的技術。該技術的概念，是為了避免比特幣等加密資產被竄改。

雜湊函數是指計算輸入資料，產生截然不同且長度固定的資料，利用這種計算方法得到的數值或字串稱作雜湊值。雜湊函數除了加密資產之外，也普遍使用在網際網路上，例如當你使用密碼登入網站時，密碼會被雜湊化並儲存起來。

雜湊函數有四大特色。首先是無法由原始的輸入值計算出雜湊值。如果要找到原始資料，必須輸入隨機值，重複執行，直到偶然獲得相同結果，因此有無限多的

雜湊值究竟是什麼？

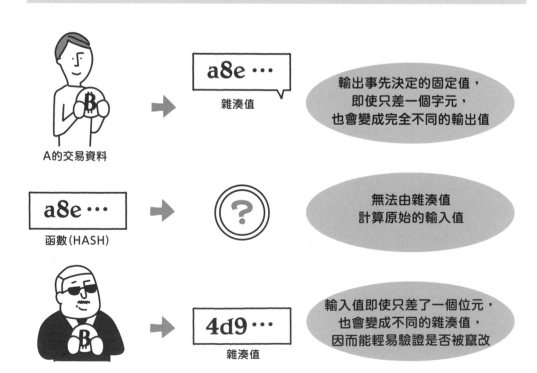

A的交易資料 → a8e … 雜湊值

輸出事先決定的固定值，即使只差一個字元，也會變成完全不同的輸出值

a8e … 函數（HASH） → ？

無法由雜湊值計算原始的輸入值

→ 4d9 … 雜湊值

輸入值即使只差了一個位元，也會變成不同的雜湊值，因而能輕易驗證是否被竄改

選項。接著是即使輸入值只有一個位元的差異，也會變成完全不同的值。因此一旦資料被竄改，雜湊值就會不一樣，可以立即發現。雜湊值的長度固定，即使是龐大的資料，只要先儲存成雜湊值，就能讓檔案縮小。另外，雜湊函數有抗碰撞性。碰撞是指另外輸入的資料偶然形成相同值，而雜湊函數的設計是讓這種可能性變得微乎其微。就算試圖利用非法竄改資料的運算能力來對抗這個機制，也幾乎不可能成功，或者至少得花費高昂的預算才能達成。提高竄改成本也是保護加密資產的技術關鍵。

雜湊函數也有弱點⋯⋯！？

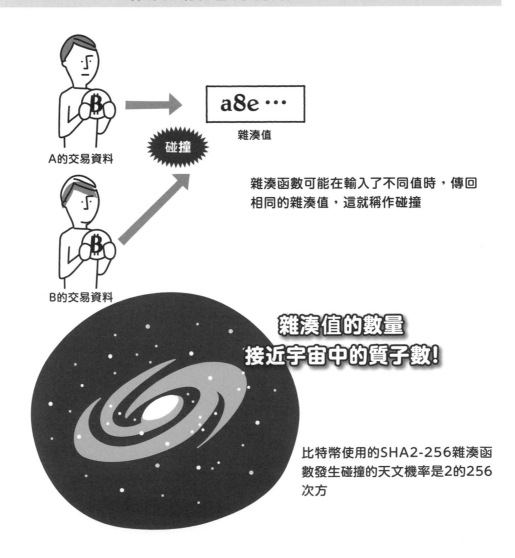

a8e ⋯
雜湊值

A的交易資料

碰撞

雜湊函數可能在輸入了不同值時，傳回相同的雜湊值，這就稱作碰撞

B的交易資料

**雜湊值的數量
接近宇宙中的質子數！**

比特幣使用的SHA2-256雜湊函數發生碰撞的天文機率是2的256次方

09 NFT 交易不可缺少的「錢包」機制

 加密資產及 NFT 商業應用絕對不能缺少的機制就是「錢包」。雖然錢包有非常方便的功能,但是若要同時兼顧便利性與安全性,就得考量各種特性,並分別運用。

狹義來說,錢包主要用來管理私鑰,但就廣義而言,錢包是有著查詢儲存在對應私鑰地址的餘額,以及利用餘額匯款等功能的應用程式。例如錢包會以智慧型手機 app 或網頁服務的形式提供使用者運用。倘若私鑰被別人知道,你擁有的加密資產就可能被偷走,所以必須謹慎管理。除此之外,錢包還有產生由「私鑰」與「公鑰」導出的地址及發行 transaction 的功能。使用這些功能,就能安全轉移加密資產。

交易需要的「錢包」有何功能?

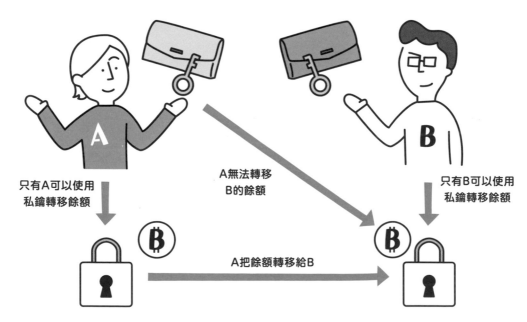

只有A可以使用
私鑰轉移餘額

A無法轉移
B的餘額

只有B可以使用
私鑰轉移餘額

A把餘額轉移給B

可以用錢包管理轉移餘額時使用的私鑰

如果以是否連接網路來分類，可以在連線環境下使用的是「熱錢包」。熱錢包的用途多元，卻因為會連接網路，而可能受到惡意攻擊。「冷錢包」是在離線環境下使用的錢包，沒有連接網路，可以安全保管，卻很難立即匯款。因此，如果要方便且安全地使用錢包，必須分別運用這兩種錢包的特色。

熱錢包與冷錢包的差別

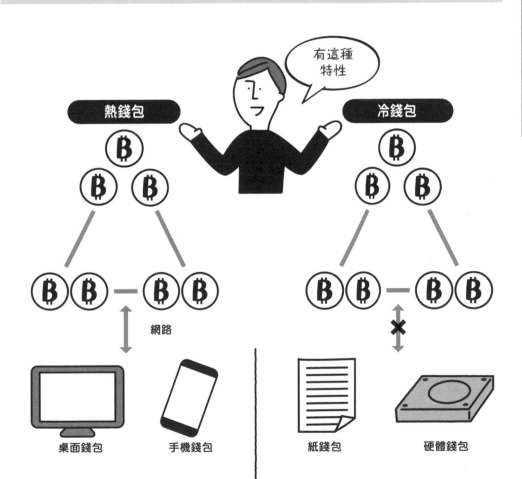

- 連線管理私鑰
- 可以輕易確認匯款或餘額
- 因為連接網路，有中毒或被駭的風險！

- 離線管理私鑰
- 很難即時匯款
- 有遺失錢包媒體的風險

10 成為交易窗口的「錢包應用程式」

在加密資產的交易中，一個錢包應用程式擁有多個錢包地址極為常見。
錢包應用程式在區塊鏈中的功用是什麼呢？

在錢包的功能中，用智慧型手機管理加密資產的「錢包應用程式」應該是最容易了解的吧！錢包應用程式執行的功能包括統計餘額、電子簽章、建立交易 transaction、放在網路上。由於區塊鏈只儲存交易資料，如果要方便地進行數位交易，就需要記錄餘額及支援匯款的錢包應用程式。

現在就交易安全性的觀點來看，一個錢包應用程式擁有多個錢包地址是很常見的用法。

「錢包應用程式」成為交易窗口！

**錢包應用程式
是管理個人錢包地址，
支援查詢餘額及匯款等
交易功能的工具**

錢包應用程式的功能

● 產生及保管金鑰對

● 產生錢包地址

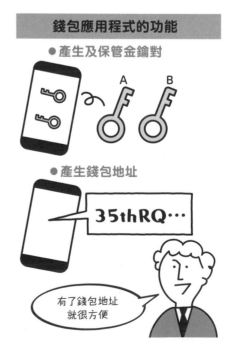

35thRQ⋯

有了錢包地址
就很方便

錢包應用程式會按照每次交易來建立錢包地址，隨著交易次數增加，甚至需要管理上萬筆地址，不過錢包應用程式會自動執行操作，所以不會影響到使用者。任何人都可以參照區塊鏈的交易記錄，如果一個地址進行了好幾次的交易，就會被想搶奪資產的人盯上，產生威脅錢包地址安全性的風險。因此，錢包會使用多個地址來保護個人資料。

● 記錄在錢包地址的餘額總計

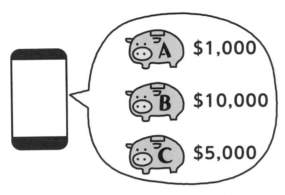

通常一個錢包應用程式會有多個錢包地址。
每個人都可以檢視交易記錄，如果頻繁運用
同一個地址，容易被想竊取錢包的壞人盯上

● 連接 P2P 網路並進行交易

● 建立交易及電子簽章

11 區塊鏈的優缺點

區塊鏈的特色是沒有能更改資料的特權管理者，無法任意竄改資料。這種特色有優點也有缺點，因此區塊鏈成為可以信任的基本技術。

區塊鏈會記錄參加者認同的資料，幾乎不可能竄改，是保管整個系統永續運作的交易記錄機制。

這個系統的關鍵是，提供服務的業者或系統管理者都無法改變已經記錄的資料。

如果是一般的中央集權式資料記錄系統，管理者具有能任意更改的特權，而公有區塊鏈並沒有這種人員。

區塊鏈有優點也有缺點

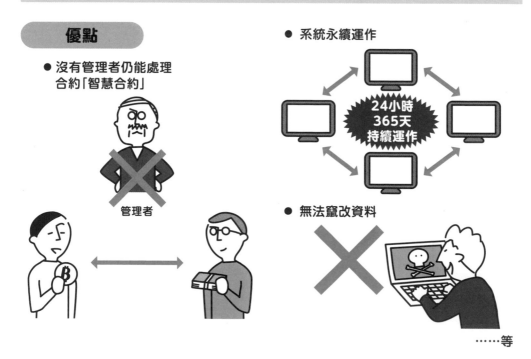

優點

● 沒有管理者仍能處理
合約「智慧合約」

管理者

● 系統永續運作

24小時
365天
持續運作

● 無法竄改資料

……等

正因為如此，區塊鏈才能成為有**信用**的加密資產基礎技術。

區塊鏈運用加密技術，可以證明已記錄資料的真實性。這代表無論提供服務的業者或其他參加者的「信用」如何，都可以安心交易。

這項特性是優點也是缺點。區塊鏈適合用在記錄商業交易資料等用途，但是不適合累積「**個人資料**」。因此運用區塊鏈時，必須考量到其優缺點再加以發揮。

缺點

● 無法刪除、修改資料

沒辦法改

錯誤的資料 → 錯誤的資料

● 基本上是公開的，無法排除惡意的參加者

● 網路若連接多台效能不佳的機器時，會導致處理速度變差

好慢啊

● 法律尚未跟上區塊鏈

無法可管！

HELP!

● 持續增加資料會導致處理速度下降

資料

資料

很難處理…

區塊鏈的特性可能會變成缺點

12 NFT 與加密資產的差別？

區塊鏈上陸續有新的商品產生，包括網路上可以共享價值的加密資產（同質化代幣）以及屬於數位資產的 NFT（非同質化代幣）等。兩者究竟有何差別？

區塊鏈上發行的代幣大致可以分成 **FT（Fungible Token ／同質化代幣）** 與 **NFT（Non-Fungible Token ／非同質化代幣）**。

FT 是可以共享價值、可取代的代幣，例如在區塊鏈上交易的比特幣等。

然而，NFT 是價值獨一無二、不可取代的代幣，主要運用在區塊鏈遊戲中。如果你可以把它當作和美術品一樣「獨一無二」，就會比較容易了解。最近音樂大

加密資產與 NFT 的差異？

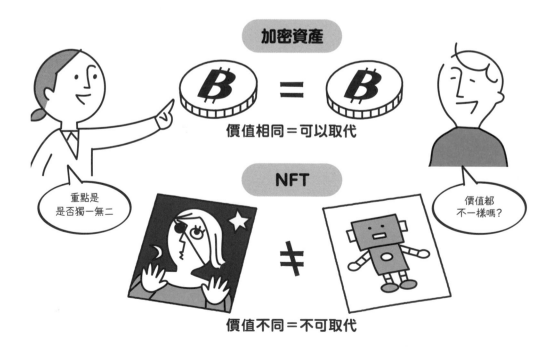

師坂本龍一發行了把個人樂曲分成一個一個音，當作收藏品的 NFT，而遊戲製造商 KONAMI 將過去作品的遊戲場景、BGM、主視覺轉換成 NFT 藝術出售，因而成為討論話題。NFT 記錄了原版作品的儲存位置，利用任何人都可以在網路上確認的機制，當作證明作品獨一無二的鑑定書。

這種技術能賦予數位資料的唯一性，除了遊戲之外，現在也開始評估將其運用在會員權利、房地產所有權、著作權、藝術品等各種領域的可行性。

這種 NFT 很受歡迎！

¥10,000

$26,000

《俘虜》的每個音都是 1,0000 日圓，透過伺服器就能下載，非常受歡迎。《惡魔城》的紀念像素作品銷售總金額超過 16 萬美元！

好想要⋯⋯

13 發行新 NFT 的行為「Mint」是什麼意思？

非同質化代幣 NFT 透過「Mint」讓 NFT 的市場規模逐漸擴大。我們經常看到 Mint 這個名詞,這究竟是什麼概念?

智慧合約是指在區塊鏈上自動執行簽約內容的機制。NFT 的「Mint」是使用智慧合約,建立並發行新的 NFT。「Mint」源自把融化後的金屬倒入模具成型的單字「鑄造(Minting)」。如同鑄造貨幣一樣,產生新的 NFT。

一般而言,把藝術作品、音樂等獨一無二的原創內容上傳到交易平台上的同時,就開始銷售 NFT。

「進行 Mint」究竟是什麼意思?

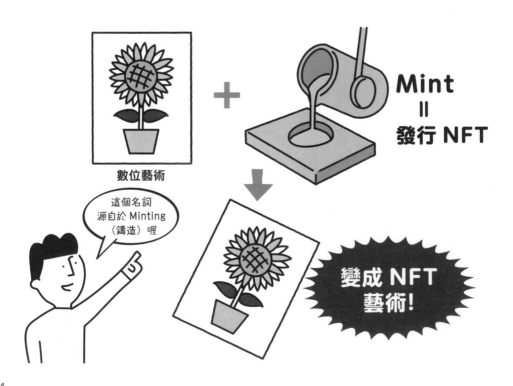

在上面發行 NFT，所有交易記錄會直接儲存在區塊鏈上，形成「鏈上（On Chain）」狀態。

換句話說，Mint 是指在 NFT 交易平台上傳原創內容，發行 NFT，且該資訊形成鏈上狀態，也就是發行、建立新的 NFT。

NFT 交易平台是可以在國內外交易 NFT 的專用平台。有許多業者已經架設了這種平台，其中「OpenSea」（請參考 Chapter 3）是全球最大的 NFT 交易平台，支援各種區塊鏈，除了藝術品、音樂之外，也可以交易遊戲項目、生活票券、虛擬空間的土地等。

何謂交易平台？

交易平台就像這樣

14 NFT 不可或缺的「智慧合約」與「以太坊」

現在 NFT 在遊戲及藝術領域非常活躍，預料未來也將逐漸運用在證明所有權、證明身分、著作權等領域。而這樣的 NFT 不能缺少的技術就是智慧合約。

加密資產是交易價值，而 NFT 是交易持有數位資料的權利。NFT 可以在交易平台上自由轉讓，轉讓的同時，會更新區塊鏈上的持有者資料。這種與 NFT 交易有關的契約是透過「智慧合約」來執行。

智慧合約是根據預設的規則，在區塊鏈上，自動執行從事前定義到結算為止的合約機制。

何謂智慧合約？

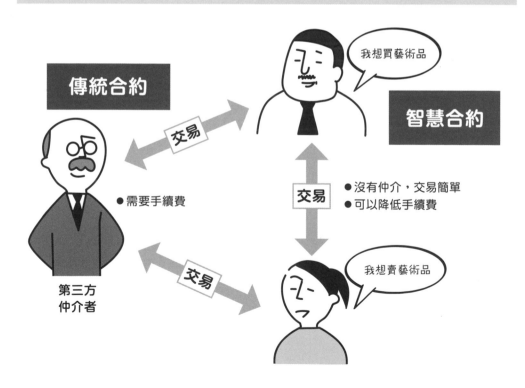

傳統合約

智慧合約

交易

我想買藝術品

●需要手續費

交易

●沒有仲介，交易簡單
●可以降低手續費

第三方仲介者

交易

我想賣藝術品

「**以太坊**」是內建這種智慧合約功能的分散式應用程式平台，已獲得廣泛運用。以太坊具備可以記錄區塊鏈上應用程式及儲存合約內容的功能，實用性強大，除了 NFT 交易之外，現在很熱門的分散式金融「DeFi」通常也是利用以太坊的平台建構的。

在以太坊上使用的加密資產，其正確名稱是「以太幣（ETH）」（※），這是價值很高的加密資產，NFT 交易也會用它支付，現在是僅次於比特幣，市價總額極高的加密資產。未來隨著 NFT 的知名度不斷提升，以太幣的價格也可能持續上揚。

何謂分散式金融（DeFi）

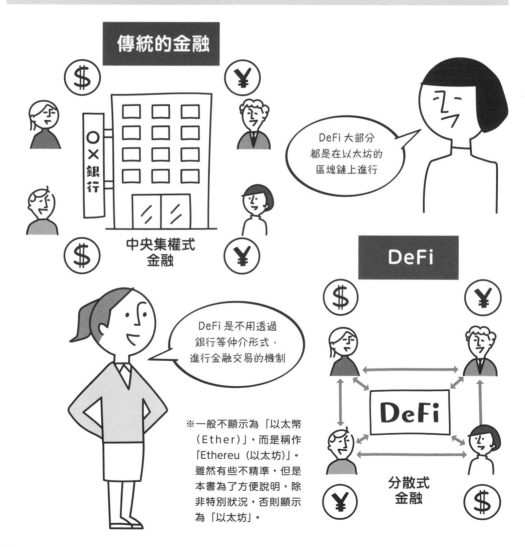

傳統的金融

DeFi 大部分都是在以太坊的區塊鏈上進行

○×銀行

中央集權式金融

DeFi 是不用透過銀行等仲介形式，進行金融交易的機制

DeFi

※一般不顯示為「以太幣（Ether）」，而是稱作「Ethereu（以太坊）」。雖然有些不精準，但是本書為了方便說明，除非特別狀況，否則顯示為「以太坊」。

分散式金融

15 比特幣與以太坊的決定性差異

2008 年一位名叫中本聰的人物發表了白皮書，創造出比特幣，使得區塊鏈技術的知名度瞬間往上提升。區塊鏈的技術因以太坊而擴大運用的廣度。

全球第一個區塊鏈是為了比特幣，亦即加密資產而開發的，後來，出現透過各種功能運用在其他領域的機會，而不限於加密資產。其中，大幅拓展區塊鏈可能性的，是可以開發、執行複雜的應用程式通用平台「以太坊」。

以太坊是由加拿大的大學生 Vitalik Buterin 開發，其概念並非專門針對加密資產，而是希望成為極具**通用性**的電腦，可以 24 小時持續規律運作不停機。Buterin 用「全球電腦」來形容以太坊。

以太坊的誕生過程

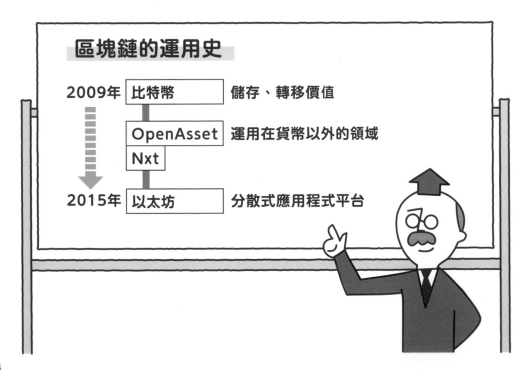

區塊鏈的運用史

2009年	比特幣	儲存、轉移價值
	OpenAsset Nxt	運用在貨幣以外的領域
2015年	以太坊	分散式應用程式平台

以太坊與比特幣最大的差別在於，以太坊有幾種程式設計語言，可以執行、開發複雜的程式，連普通的程式設計師也能輕鬆使用，如「Solidity」。開發者使用 Solidity 寫的程式可以在區塊鏈上執行。

以太坊出現之後，不用自行開發專用的區塊鏈，在以太坊的區塊鏈上，就能輕易建立各種代幣或原創的加密資產，使得新的加密資產出現爆發性成長。

比特幣與以太坊的差別？

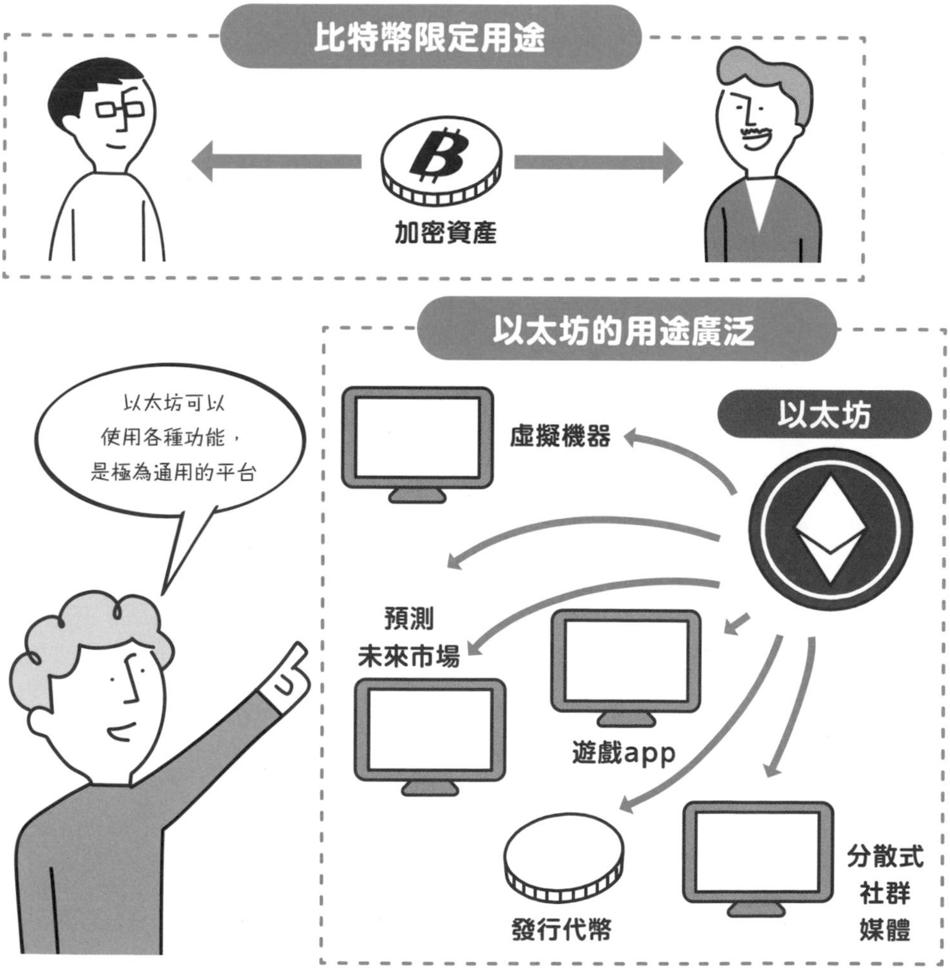

比特幣限定用途

加密資產

以太坊的用途廣泛

以太坊可以使用各種功能，是極為通用的平台

虛擬機器

以太坊

預測未來市場

遊戲app

發行代幣

分散式社群媒體

16 在 NFT 使用以太坊的問題

雖然以太坊是通用型區塊鏈,但是一般廣大的參加者要使用會遇到一些狀況。其中最大的問題就是稱作「瓦斯費(Gas Fee)」的手續費。

前面說明過,以太坊是運用在各種應用程式上的通用型區塊鏈。現在利用這種區塊鏈技術建立的 NFT,或許能開創出以內容流通為主的新時代,例如各個服務之間互通有無、NFT 持有者彼此溝通等。可是這個通用型區塊鏈有一個很大的問題。

一般參加者在轉移 NFT 時,必須用以太幣支付網路手續費。這種手續費稱作「瓦斯費」,但是隨著以太幣的價值上漲,瓦斯費也出現了水漲船高的問題。

以加密資產匯款時會產生瓦斯費

相對來說，要進行 NFT 交易，參加者就得取得、購買以太幣才能支付瓦斯費，對以太幣完全沒有興趣的人，瓦斯費不僅昂貴，加入 NFT 的難度也會變得非常高。

以太坊區塊鏈極為通用，除了 NFT 之外，也運用在開發加密資產，及各式各樣的應用程式開發等範疇。結果反而像塞車般，讓網路陷入壅塞狀態，這也是瓦斯費高漲的原因之一。

以太坊還有改善空間，預料未來應該會開發出「以太坊 2.0」（編注：目前以太坊已經正式過渡到 2.0）。

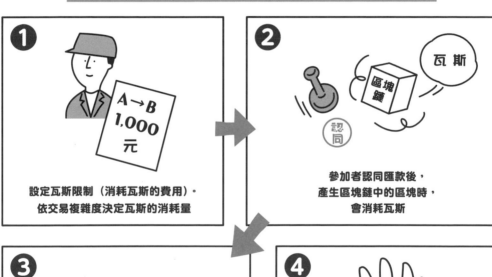

瓦斯限制（Gas limit）× 瓦斯單價
－已使用的瓦斯 ＝ 瓦斯費

❶ 設定瓦斯限制（消耗瓦斯的費用）。
依交易複雜度決定瓦斯的消耗量

❷ 參加者認同匯款後，
產生區塊鏈中的區塊時，
會消耗瓦斯

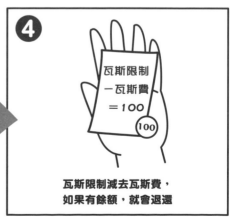

❸ 消耗的瓦斯將成為鑄造手續費，
全額支付給礦工

❹ 瓦斯限制減去瓦斯費，
如果有餘額，就會退還

17 為了活化 NFT 而開發區塊鏈

一般參加者想加入 NFT 時，會遇到各種阻礙，如瓦斯費用太高等。為了解決這些問題，各大平台開始實施不同機制。

一般參加者想進入 NFT 市場時，可能會遇到以太坊的瓦斯費太高等各種阻礙。

為了解決這一點，開發出 NFT 專屬區塊鏈。這是讓一般參加者能輕易使用 NFT 而打造出來的系統。轉移 NFT 時，不會產生瓦斯費，參加者無須顧慮手續費高低，可以放心使用區塊鏈的服務或 NFT。

NFT 專屬區塊鏈

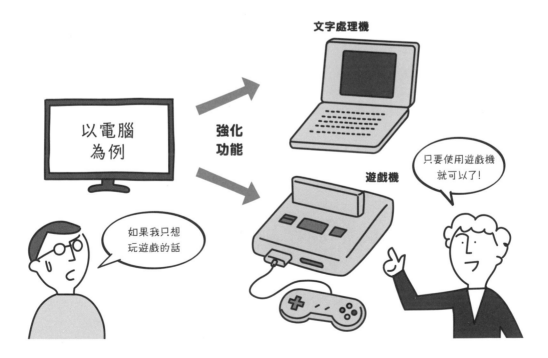

NFT 能在多個區塊鏈之間來往的跨鏈（Cross-Chain）功能也是業者放心拓展 NFT 事業的原因之一。

此外，各大 NFT 平台提供服務時，發行的 **專屬代幣** 也受到各界關注。

代幣是根據現有區塊鏈技術建立的加密貨幣。例如遊戲內使用的專屬貨幣可以在加密資產交易所，以一定的匯率轉換成比特幣，因而受到矚目。

這些形形色色的想法及功能發展，能讓各式各樣的人享受到 NFT 的樂趣。

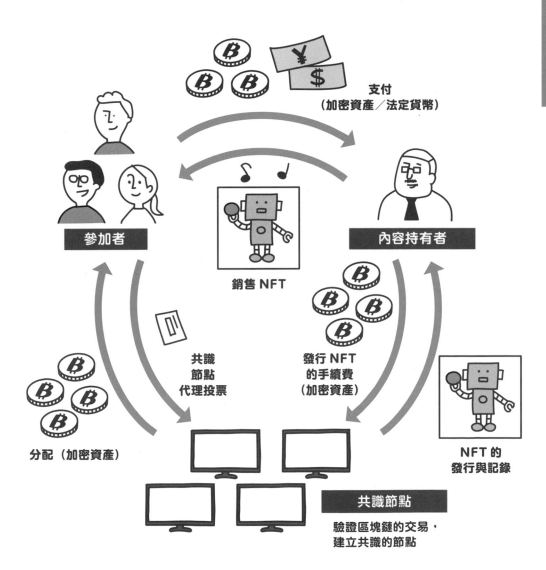

支付
（加密資產／法定貨幣）

參加者

銷售 NFT

內容持有者

共識
節點
代理投票

發行 NFT
的手續費
（加密資產）

分配（加密資產）

NFT 的
發行與記錄

共識節點

驗證區塊鏈的交易，
建立共識的節點

重要的 NFT 商業用語②

I. DX（P41）

這是數位化轉型（Digital Transformation）的縮寫，意指使用數位技術改變生活型態或商業型態，由瑞典經濟學者 Erik Stolterman 在 2004 年提出。DX 化與 IT 化在使用數位技術達到改革目的的概念是一致的，但是兩者之間有很大的差異。例如，企業的 IT 化是簡化業務流程，提高工作效率的一種手段，但是 DX 化的目的是從廣義的角度，根本改革產品、服務或業務模式。兩者的差別極大。現代企業管理的致勝關鍵是如何利用技術創新服務，但是就因應整個社會變化來採取經營策略而言，DX 化是革新問題，而不只是使用最新技術而已。

2. 非中央集權（P42）

這是指沒有政府或企業等強大的經營主體，依照個人之間的關係共同經營組織的型態。自比特幣出現開始，區塊鏈業界因為這種非中央集權型態而受到矚目。非中央集權引起重視的原因在於，決定權透明且民主；中央集權組織是由少數人掌握決定權，而且決策過程大多不透明。相對而言，非中央集權組織是採取多數決，過程公開透明，這是非中央集權的一大優點。還有一個優點是，不依賴特定經營者，能降低因特定人物不再參與營運，使得專案被迫中止的風險。不過決定速度慢，意見分歧，很難統一，這些都是非中央集權系統的缺點。

3. P2P（P44）

P2P 是 Peer to Peer 的縮寫，是不特定多數人的電腦（節點）不透過中央管理伺服器，節點之間可以直接共享資料的網路通訊技術。過去的通訊系統稱作主從式架構，在網路上，節點之間的通訊是透過伺服器來進行，無法直接與其他節點共享資料，而 P2P 解決了這個問題。P2P 的優點是，適合分散管理資料，處理速度快，可以確保匿名性。P2P 有以下三種，包括用戶之間彼此連線，共享資料的「一般型 P2P」，以及在 P2P 網路使用伺服器的「混合型 P2P」，還有在網路上選擇幾個處理能力優秀且通訊線路穩定的節點，管理連線節點資料的「超級節點型 P2P」。

4. 分散式系統（P45）

這是透過網路連接多台電腦，分擔工作的運用機制。多個節點在網路上彼此相連，可以進行分散處理。過去常用的集中式系統有著能處理大容量資料，比較容易管理運用面及安全性的優點。可是這種系統的缺點是，執行中央管理的電腦會造成極大負荷，萬一故障，整個系統就會停擺，修理起來也很耗時。為了解決這個問題，而導入分散式系統。分散式系統有以下兩種型態，包括垂直型分散式系統，以階層式分配不同功用的電腦，還有水平型分散式系統，以對等形式連接相同功用的電腦。

5. Proof of Work (PoW)（P47）

這是在區塊鏈上，正確記錄比特幣等加密資產交易或匯款的機制。大部分支援加密資產的系統都沒有中央管理機關，因而需要在沒有中央管理者的情況下，資料也不會被輕易竄改的機制。Proof of Work 是很重要的概念，這是在區塊鏈上記錄並承認合法交易的方法，也是將比特幣給予最先連接下個區塊（把各種比特幣的交易記錄整合在一起），解決龐大運算問題的參加者當作報酬的機制。解決問題的動作稱作挖礦，如果沒有把正確的資料當作區塊連接在一起，之後就不會出現繼續連接區塊的礦工，當作報酬取得的比特幣也沒有未來，所以礦工們一定會連接包含正確資料的區塊。PoW 就是這種使用了經濟獎勵的機制。

6. Proof of Stake (PoS)（P47）

這是將加密資產的交易或匯款正確記錄在區塊鏈上的機制。如同 Proof of Stake ＝權益證明，Proof of Stake 是加密資產的權益，亦即持有量愈多，愈容易得到將資料區塊連接到區塊鏈的機會。比特幣採用的是 PoW 而不是 PoS，但是部分加密資產卻是使用 PoS，以太坊也計畫從 PoW 切換成 PoS。Proof of Stake 改善 Proof of Work 的問題，優點是即使沒有強大的機器效能也可以挖礦。

7. UTXO（P53）

這是 Unspent Transaction Output（未使用交易輸出）的縮寫。UTXO 是比特幣採用的餘額管理機制，或是在該機制中，掌握餘額時，未使用的加密資產。區塊鏈上並非直接記錄各個地址持有的餘額，而是只把哪個地址傳給哪個地址多少加密資產當作交易內容記錄。這裡的匯款來源是 UTXO，新的 UTXO 會保留在收取匯款的地址。透過區塊鏈上記錄與該地址有關的 UTXO 增減總計，計算出該地址的餘額。這種機制不需要在每次交易時，逐一掌握餘額，只要利用複式記帳方式，簡單記錄區塊鏈上的進出，就可以有效率地累積交易記錄。

8. 以太坊 2.0（P71）

這是將區塊鏈的以太坊 1.0 升級的計畫。與過去相比，目標是維持非中央集權性，降低電力消耗量，同時提升安全性及擴充性，現在正在開發中。由於可以建構各種應用程式的運算功能，因此以太坊也稱作「全球電腦（World Computer）」。以太坊可以運用在 DApps（分散式應用程式）、加密資產，甚至是建構加密資產交換所等廣泛用途，預計未來也將有更多樣的用法。現在共識演算法受到處理能力的限制，以太坊 2.0 是為了克服這種限制而進行的更新。以太坊 2.0 計畫利用形成新區塊鏈的方法來實施，實現的內容包括從工作量證明（PoW）改成權益證明（PoS）、導入分散負荷系統的分片（Sharding）手法。

Chapter 3

實踐！
從 NFT 獲利的捷徑

個人進行 NFT 商業應用時，
需要按部就班完成各個階段。
這一章將介紹最快創造獲利的
NFT 商業運用線索。

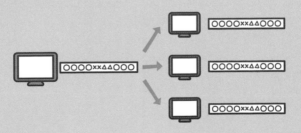

01 哪裡可以買到 NFT？
九大主要交易平台

交易 NFT 的場所稱作交易平台（Marketplace）。隨著 NFT 席捲全球，使得交易平台快速增加，日本也陸續有知名企業加入。以下將介紹九個適合個人，具有代表性的交易平台。

當你了解了 NFT，並打算購買或發行 NFT 時，該在哪裡購買或銷售 NFT 呢？答案就是 NFT 交易平台。這是指可以銷售（一次銷售）藝術家等創作者製作的 NFT，或利用加密資產買賣（二次銷售）使用者持有的 NFT，用來交易 NFT 的平台。在交易平台執行的行為大致可以分成四種，包括製作或發行 NFT、銷售製作出來的 NFT、購買銷售中的 NFT、銷售自己購買的 NFT。

何謂 NFT 交易平台？

2

每個人都可以透過交易平台自由交易 NFT。該選擇哪一個交易平台？請從你想購買的 NFT 有哪些產業？手續費是多少？是否值得信賴等觀點來做選擇。現在主要的交易平台有九個，在這九大交易平台中，最常用的 OpenSea，以及以藝術品為主的 Rarible 等都十分具有代表性。這個部分後面會再詳細說明。除此之外，Foundation、Binance NFT、VIV3、Atomic Hub、miime、nanakusa、Coincheck NFT 等也很知名。這些交易平台各有各的特色，你可以依照個人的目的來挑選。

主要的九大交易平台

OpenSea

適合初學者

全球最常使用的交易平台。NFT 的交易範圍廣泛，包括藝術品、運動、遊戲等

Rarible

以藝術類的 NFT 為主。不僅有發行 NFT 的功能，也發行了專屬加密資產 RARI

Foundation

以藝術類的NFT為主。只有事先通過審核的創作者才能發行NFT，所以作品有一定的水準

VIV3

使用加密資產 Flow 結帳。現在以藝術類的 NFT 為主，但是將來極有可能增加不同領域。不需要網路手續費

Binance NFT

這是知名加密資產交易所 Binance 的交易平台。任何人都可以使用 Binance，但是只有註冊的創作者才能銷售 NFT

miime

這是日本的 NFT 交易平台，以日圓結帳。使用者介面也採用日文，有豐富的藝術品、運動類 NFT

Atomic Hub

由多個交易平台構成，能使用加密資產 Wax 結帳。有許多日本推出的內容（哥吉拉或快打旋風等）

nanakusa

這是來自日本的加密藝術家註冊制交易平台，只能交易通過審核的藝術家或業者的 NFT，可以使用日圓結帳

Coincheck NFT

適合初學者

這是由加密資產交易所 Coincheck 設立，來自日本的交易平台。可以使用在 Coincheck 上市的加密資產，領域豐富包括遊戲、運動等

02 推動 NFT 的 OpenSea 與 Rarible

在 NFT 的交易平台中,具有代表性的交易平台多達九個。以下將詳細介紹位於領導地位的兩個交易平台:一個是最大型的交易平台,另一個是「透明性」高受到廣大支持的交易平台。

在急速增加的 NFT 交易平台中,OpenSea 與 Rarible 這兩個交易平台可以說是推動 NFT 的主力。

OpenSea 位於紐約,是全球最大的交易平台,創立於 2017 年,堪稱「元老」等級,簡單易懂,連初學者也能使用,因此受到歡迎,有許多人認為 NFT 是從 OpenSea 開始。實際上,這個交易平台不論商品數量或交易金額都是第一名。在此平台上交易的 NFT 包括藝術、音樂、遊戲項目、虛擬空間的土地、網域名

引領業界的兩大交易平台

OpenSea 是 2017 年 12 月創立的「元老級」交易平台

Point① 這是我一直很想買的遊戲項目!

買賣 NFT 時,會產生手續費,只要準備「錢包」就可以使用

Point② 藝術　音樂　遊戲項目　虛擬空間的土地　網域名稱　交易卡　活動票券

任何人都可以輕易且免費建立、發行 NFT,所以 NFT 的交易種類豐富

Point③ 啊,拿到轉賣後的權利金!

可以選擇 NFT 的銷售方式,二次銷售時,創作者也可以拿到權利金

稱、交易卡、活動票券，種類非常多樣化，賣家只要先支付註冊費，之後不論銷售多少數量，都不需要轉換成 NFT 的瓦斯費（手續費）。現在光是每個月的交易金額就超過數十億美元。

Rarible 是 2019 年由俄羅斯裔創業者成立，原是專門交易藝術品的交易平台，現在也可以交易遊戲項目、虛擬空間的土地等，Rarible 的月交易額僅次於 OpenSea。Rarible 的特色莫過於組織的透明性，發行獨家加密資產「RARI」，進行銷售或購買，就能取得 RARI。Rarible 以自律分散式架構為目標，使用者透過賺取 RARI 獲得投票權，可以參加 Rarible 的營運。

> OpenSea 基本上以英文為主，操作簡單，很適合初學者

> Rarible 支援日文，和 OpenSea 一樣，可以設定二次銷售的權利金，這也很吸引人

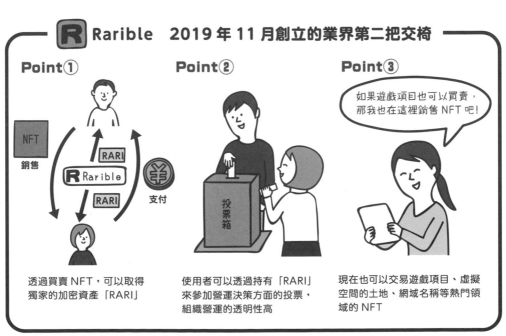

Rarible　2019 年 11 月創立的業界第二把交椅

Point①

NFT　銷售

R Rarible

支付

透過買賣 NFT，可以取得獨家的加密資產「RARI」

Point②

投票箱

使用者可以透過持有「RARI」來參加營運決策方面的投票，組織營運的透明性高

Point③

> 如果遊戲項目也可以買賣，那我也在這裡銷售 NFT 吧！

現在也可以交易遊戲項目、虛擬空間的土地、網域名稱等熱門領域的 NFT

03 日本的藝術類 NFT 交易平台

NFT 交易平台是從美國開始，日本也緊追在後。到目前為止，日本建立的幾個交易平台中，第一個具有影響力的交易平台是？

日本很快推出的 NFT 服務成功案例中，「nanakusa」是第一個交易平台，並以藝術類聞名。由 SBINFT（股）公司負責經營，這是 SBI 控股公司的子公司。這個平台使用的是加密資產以太幣，所以需要建立 MetaMask 等錢包，不過該平台也接受**信用卡**。屬於藝術類交易平台的 nanakusa 在銷售前會審核作品，獲得核可的創作者會認證為藝術家。

日本 NFT 交易平台陸續出現

Coincheck NFT

- 買賣使用的加密資產超過十種，種類非常豐富
- 銷售、購買 NFT 時，不需要瓦斯費（手續費）
  ※但是銷售手續費為 10%

Adam byGMO

- 可以處理藝術品、漫畫、交易卡等內容
- 能以日圓（含信用卡）結帳
- 有些內容只有 NFT 的持有者才能觀看

在你購買的LAND（虛擬空間中的土地）置入吸引人的內容，就會產生新的數位資產喔

虛擬空間

坂本龍一把樂曲的每個音轉換成NFT出售而受到外界關注，連知名漫畫家也將熱門作品直接發行的插圖變成NFT銷售

nanakusa 開啟兩種型態的平台，主要銷售以下功能：第一種是導入加密資產 Polygon，抑制以太坊的瓦斯費高漲問題；另一種是一次銷售時，同意以信用卡結帳，一般人也容易入手。此外，nanakusa 提供只有擁有 NFT 的人才能觀看的**瀏覽權限功能**，可以保護創作者。對創作者的優惠措施包括**權利金分配功能**，建立促進創作者彼此合作的機制，並導入讓創作者能方便報稅的 **Gtax**（加密資產的損益計算軟體）。未來在日本應該會陸續出現類似 nanakusa 的交易平台吧！

nanakusa

- 平台分成「Creators」與「Partners」兩個部分
- 「Creators」是指官方認證為藝術家的創作者（主要是個人）銷售 NFT，而「Partners」是指 nanakusa 的合作夥伴（主要是企業、品牌）負責銷售 NFT

急速成長的理由

最大的優點是，沒有使用加密資產的使用者也可以購買 NFT

- 透過導入 Polygon 節省瓦斯費
- 除了加密資產，一次銷售也可以使用信用卡結帳
- 只有 NFT 的所有者才能檢視的瀏覽權限功能
- 具備鼓勵創作者合作的權利金分配功能
- 導入 Gtax，創作者能輕易報稅

謝謝你購買我的作品！

很期待你下次的作品！

透過發布內容成為更優質的平台，進而吸引優秀的創作者，同時讓購買者聚集

nanakusa 曾以白金贊助商的身分參加 2021 年 7 月由亞洲五個國家六個城市所舉辦的 NFT 藝術節「Crypto Art Week Asia」

Creators　　Partners

04 在具有代表性的交易平台 「OpenSea」可以買賣什麼商品？

交易平台可以交易許多商品，其中具有代表性的商品有四種。以下將介紹在最大的交易平台 OpenSea 銷售的商品，並探索這些商品被交易的原因。

OpenSea 最熱門的四大領域包括數位藝術、音樂、虛擬空間的土地、遊戲。前面提過，導入 NFT 概念，可以把數位藝術當作獨一無二的財產進行交易，而且交易十分活絡。OpenSea 也可以交易音樂，預估未來的交易量會逐漸增加。另外，也有愈來愈多人購買虛擬空間上的土地，曾經出現以 57 萬美元購買一塊土地的案例。

OpenSea 主要的交易類別

藝術
這是指所有數位藝術的部分，除了插圖、照片等靜態畫面之外，也包含了影片作品

音樂
除了歌曲之外，還會加贈演唱會門票、影像素材等優惠，即使轉賣，也要支付權利金給藝術家

虛擬空間
這是指在區塊鏈遊戲使用的項目，或在虛擬空間中，使用者可以開發的「土地」

遊戲
可以買賣遊戲的道具、角色人物，透過遊戲，也能獲得加密資產

不過現在最受歡迎的是**區塊鏈遊戲**。傳統的線上遊戲可以透過作弊的非法行為，大量製造角色或竊取他人帳號再轉賣，對遊戲商與玩家都會造成負面影響。而區塊鏈遊戲可以把項目轉換成 NFT，打造出安心玩遊戲的環境，因而受到大眾關注。其中，Play to earn 模型，是一種玩遊戲就能獲得加密資產的機制，發展十分蓬勃，部分國家有許多人靠這個遊戲維生。

05 了解在 OpenSea 交易 NFT 的流程

截至目前為止，你應該大致掌握了交易平台的概念。以下將利用最大的交易平台 OpenSea，介紹實際交易 NFT 的流程。

以下將以 OpenSea 來說明實際的流程，讓對 NFT 有興趣，想進行交易的你可以了解操作方式。首先最大的前提是，你必須記住可以當作 NFT 交易的商品。事實上 NFT 並不像購買晚餐食材般簡單，前面說明過，選擇 NFT 的對象後，接著就是實際進行交易。此時，你必須在加密資產交易所或加密資產銷售所購買在 OpenSea 進行交易時，使用的加密資產以太幣，還得導入稱作以太坊錢包的

OpenSea 的 NFT 交易方法

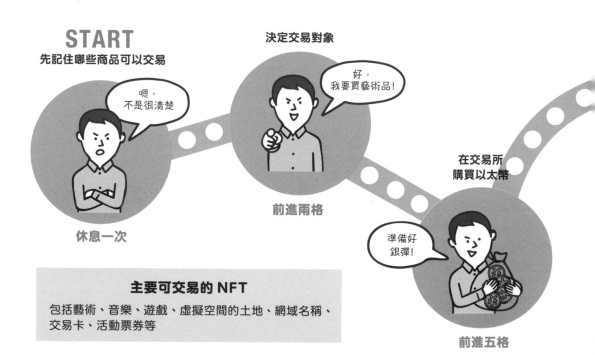

START
先記住哪些商品可以交易

嗯，不是很清楚

休息一次

決定交易對象

好，我要買藝術品！

前進兩格

在交易所購買以太幣

準備好銀彈！

前進五格

主要可交易的 NFT
包括藝術、音樂、遊戲、虛擬空間的土地、網域名稱、交易卡、活動票券等

MetaMask。MetaMask 就像管理加密資產或進行匯款、取款的錢包。只要在電腦上安裝完畢再簽名，即可完成準備工作。

接著請搜尋你想在線上購買的 NFT。OpenSea 有大量的 NFT，最好先從你已經想好的類別開始搜尋。決定你想購買的 NFT 之後，請選擇「Buy now」、「Check out」。此時，必須支付瓦斯費。最後只要確認 NFT 是否放入你的錢包內即完成交易。如果你想銷售 NFT，請從 Profile 開始，選取你想銷售的 NFT，接著按下「Sell」，再選擇銷售方式，輸入價格，透過 MetaMask 支付銷售 NFT 所需的瓦斯費，這樣就完成了。

搜尋你想購買的 NFT

哇～
光是藝術類
就有好多商品

讓人眼花撩亂，無法決定

安裝
MetaMask

前進兩格

GOAL

休息一次

選擇 NFT，
選擇
「Buy now」、
「Check out」

就決定
是你了！

SIGN IN

前進三格

確認剛才購買的
NFT 已經放入
自己的錢包內

前進一格

NFT 的上架步驟

① 在 Profile 選擇想銷售的 NFT，並按下「Sell」

② 選擇銷售方式，輸入價格
■ 固定價格銷售
■ 價格遞增式
■ 價格遞減式

③ 由 MetaMask 支付所需的瓦斯費

GAS

④ 等待售出

睡覺靜待好消息～

06 在 NFT 使用的「加密資產」究竟是什麼？

一般而言，NFT 是以對價方式購買加密資產。如果不清楚加密資產是什麼，就進行交易可能會蒙受損失，或發生意料之外的問題。在此之前，請先了解何謂加密資產。

加密資產是可以在網際網路上進行交易的財產性資產，沒有紙鈔、硬幣等實體。最大的特色是，購買、儲存、增加、使用等所有交易，都是透過區塊鏈記錄在網際網路上，資料很難竄改，不需要管理者監督。與日圓、美元等法定貨幣不同，不用透過銀行等第三者，就可以交易。由於沒有國家或中央銀行管理，所以加密資產的價值會因為各種原因而出現大幅變動。

加密資產的定義

日本資金結算法
（平成二十一年法律第五十九號）
對加密資產的定義如下

何謂加密資產？

一　購買或租賃物品，或接受服務時，可以支付其代價給不特定者，且可以將不特定者當作對象，進行購買或銷售行為的財產價值（僅限於用電子方法記錄在電子設備或其他物體中，不包括日本貨幣、外國貨幣及以貨幣計算的資產），並能透過電子資料處理裝置進行轉移

二　以不特定者為對象，能與前項說明相互交換的財產價值，可以使用電子資料處理裝置轉移

欸～
有清楚的
定義啊

原來如此～

現在有許多種加密資產，其中最主要的加密資產就是**比特幣**。比特幣利用區塊鏈建立了加密資產的機制，因此產生了後面的加密資產。如果沒有比特幣，就沒有現在的加密資產市場。

然而，**以太幣**、瑞波幣等比特幣以外的加密資產稱作**山寨幣**（Altcoin）。Alt 的意思是「取代」，定義為取代比特幣的加密資產。因此，山寨幣通常功能較比特幣強大，或增加了新的功能。例如 NFT 交易主要使用的以太幣，可以按照事先設定的規則，在區塊鏈上自動生成執行交易的智慧合約。

比特幣與山寨幣的差別

07 加密資產的價格是如何決定的？

加密資產的價格每日變動幅度極大。當你被價格吸引而買入，萬一價格往意料之外的方向變動時，就可能蒙受損失。究竟加密資產的價格是如何決定的呢？

加密資產的價格是由市場的**需求**與**供給**而定。需求是指買家，而供給是指賣家。買單總量大於賣單**總量**時，價格上漲；賣單總量大於買單總量時，價格下跌。一般而言，某個加密資產的關注度上升或功能具有未來性時，買單增加，價格也容易上漲。相對而言，未來不看好，或出現其他更吸引人的加密資產時，賣單增加，價格容易下跌。

價格會隨著需求與供給而變動

買單較多時
不論價格多少我都要買!!
價格UP!
我想賣，但是……

賣單較多時
不論價格多少我都想賣!
價格DOWN!
我不需要耶……

可以買入的數量會隨著加密資產的價格改變，價格較低時，同樣的資金可以買到的數量較多。會對加密資產的價格產生顯著影響的是「數量」，大部分的加密資產會先決定基本數量，亦即最大發行量，市場上的數量愈接近最大發行量，稀少性愈強烈，加密資產的價格就會上漲。例如，比特幣的發行上限是 2,100 萬 BTC，瑞波幣的發行上限是 1,000 億 XRP。然而，NFT 主要使用的以太幣沒有發行上限，所以價格很少變化。

價格會隨著發行數量改變

08 哪裡可以購買加密資產？

若要運用加密資產交易 NFT，就得先取得加密資產。我們可以在哪裡取得網際網路上的加密資產呢？

取得加密資產的主要方法，包括在加密資產交易所或加密資產銷售所設立帳戶（錢包），購買加密資產。國內外有許多**交易所**，挑選交易所時，要注意的重點包括代表交易所活絡程度的「交易量」，維護加密資產的「安全性」，交易時的「手續費」，可以交易的「種類數量」等。與國內的交易所相比，國外的交易所有許多駭客或詐騙的問題，而且語言及法律方面的門檻也較高，但是國外交易所的優點是交易種類多，手續費便宜。

挑選交易所的重點

與開立股票或外匯帳戶相比，設立交易所的帳戶不會特別困難。在國內交易所開戶需要與交易所聯絡的電子郵件、電話號碼、還有駕照或身分證等個人身分證明文件。通常在交易所輸入電子郵件後，設定密碼，連結電話號碼，提出個人身分證明文件，大約一～兩週就能完成開戶，而國外的交易所只要輸入電子郵件就能開戶。不曉得該如何挑選交易所的人，可以選擇在政府金融監管機關登記有案的加密資產交換業者。

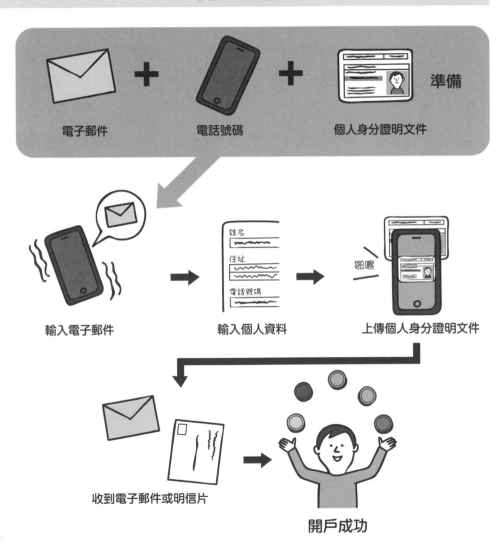

開戶流程

電子郵件　＋　電話號碼　＋　個人身分證明文件　準備

輸入電子郵件　→　輸入個人資料　→　上傳個人身分證明文件

收到電子郵件或明信片　→　開戶成功

09 避免蒙受損失的事前準備工作！「交易所」與「銷售所」的差別

在交易所開戶，開始交易之後，你應該會發現有交易所及銷售所等兩個服務。兩者都可以購買加密資產，究竟交易所與銷售所有何差異？

交易所與銷售所都可以購買加密資產，兩者的差別在於交易的對象。交易所是想買賣加密資產的個人彼此交易，交易所負責仲介。買家與賣家的需求供給一致時，交易成立，價格及數量與市場的行情有關。然而，銷售所是與業者交易，以銷售所提出的金額購入，或按照銷售所提出的金額賣出。由於交易的是業者持有的加密資產，所以能在短時間內成交，可以一次買入預期的數量。

交易所與銷售所的差別

銷售所能穩定購入加密資產，容易產生銷售所比較好的錯覺，不過通常銷售所的手續費較高。雖然有些銷售所不收手續費，但是手續費是業者的獲利來源，所以會有隱形的手續費。買價與賣價的價格差異稱作**價差**（Spread），這就是實質手續費。價差通常比交易所的手續費還多，因此銷售所的手續費絕對高於交易所。加密資產的新手可以選擇能輕易買賣加密資產的銷售所，但是實際使用時，必須注意手續費高低及價差多寡的問題。

10 在交易所購買以太幣的注意事項

開戶成功，將資金匯入帳戶後，終於可以試著購買以太幣。交易所的買賣方式比較簡單，以下將說明在交易所的購買方法。

在交易所購買加密資產和股票一樣，都是使用「告示板」進行交易。交易的下單方法包括**限價單**與**市價單**。限價單是下單時設定想購買的金額與數量，如果有符合設定內容的賣單，交易就成立。假設以太幣現在的價格為 50 萬，如果你想以 45 萬購入 0.01ETH，當價格下跌到 45 萬，出現 45 萬的賣單時，交易成立。告示板會依照價格排序所有買賣的限價及數量，檢視告示板的狀況，就能了解市場行情。

限價單與市價單的差異

限價單

告示板

賣	成交價	買
1000	500,001	0
0	500,000	0.01
0	499,999	0.1
0	499,998	0.2

我想以 50 萬買進 0.01ETH

交易成立

1000	500,001	0
0.01	500,000	0.01
0	499,999	

賣單進來了！

然而，市價單是不指定買價或賣價就下單的方法。只要設定買賣數量，就能立刻交易加密資產，建議想保障利潤，或想將損失控制在最少時，可以使用這種下單方法。可是市價單有個很大的缺點，就是成交之後才知道價格。

不過，限價單也有必須注意的事項。加密資產與股票不同，24 小時都能交易，因此一旦下了限價單，就會一直留在市場上。如果沒有依照行情檢視下單，可能會蒙受巨大損失。此外，偏離行情的限價單很難交易成功，必須注意告示板，隨時掌握行情。

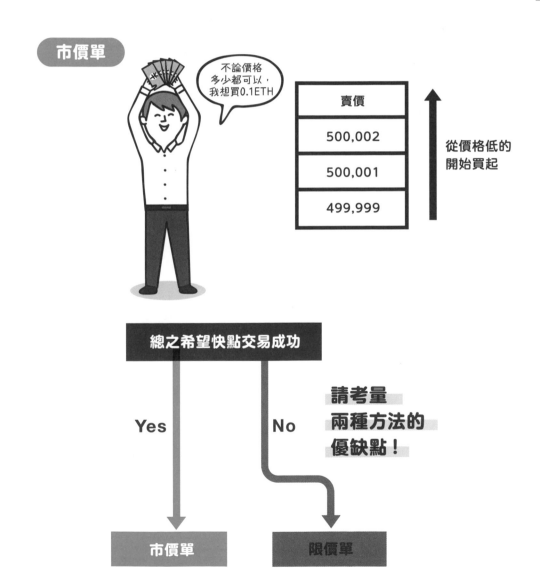

11 MetaMask（錢包）的安裝步驟

想在 OpenSea 進行交易，接下來必須做的準備工作是，安裝 MetaMask 等加密資產的錢包。安裝步驟看起來可能有點複雜，但是只要確實掌握重點，就能順利完成設定。

錢包是交易 NFT 代幣時，不能缺少的重要部分。請試著安裝具有代表性的錢包 MetaMask。這種錢包的特色是，可以保管以太坊發行的 **ERC-20 代幣**。電腦與智慧型手機都可順利執行匯款等交易，還能直接支付 DApps、區塊鏈遊戲等。支援的瀏覽器包括 Google Chrome、Firefox、Brave、Microsoft Edge。

請記住安裝步驟

以下將說明使用 Google Chrome 的安裝步驟。① 首先進入 MetaMask 的官方網站，② 利用首頁的下載鈕，移動到顯示「Install MetaMask for Chrome」的網頁，③ 在此這裡選擇 Google Chrome，按下藍色按鈕，畫面上會出現「要新增 MetaMask 嗎？」請按下「新增擴充功能」鈕。按下結束導入擴充功能的「開始使用」，就會進入建立錢包的畫面，接著設定登入及備份助憶詞的密碼，讓其他裝置也可以使用。④ 完成錢包的設定後，就會顯示 0ETH，亦即餘額為零。

12 將以太幣匯入 MetaMask 的方法？

MetaMask 安裝完畢後，就可以交易加密資產。首先，請試著把以太幣匯入錢包。步驟並不困難，不過最重要的是，要先清楚了解傳送錯誤及遺失風險。

接下來將試著把以太幣匯入 MetaMask。在 MeatMask 的帳戶畫面上，選擇四個按鈕中的「買」。轉帳時，如果你已經擁有以太幣，就能直接匯款。倘若沒有，請在交易所購買以太幣，再匯入 MetaMask。匯款步驟是，拷貝顯示在 MetaMask 錢包的地址。將該地址直接貼至購買以太幣的交易所帳戶內記載的收件者（收件者地址）。

使用以太幣匯款的注意事項！

終於要輸入金額了，這裡必須注意，在移動加密資產時需要支付瓦斯費。確認匯款金額及瓦斯費後，按下匯款鈕，就能匯入 MetaMsk 了。由於這是沒有管理者的區塊鏈，萬一地址輸入錯誤而造成傳送失誤時，就無法追回。請一定要養成確認傳送地址兩次以上的習慣。除此之外，其他重大遺失風險還包括忘記密碼、登入帳號、電子郵件信箱、API 金鑰、API 密鑰、認證碼、私鑰等。雖然誤轉給別人很恐怖，但是萬一自己不小心忘了這些資料，則可能會失去錢包裡的所有財產。

13 在 OpenSea 快速找到 NFT 的方法

把以太幣匯入你的 MetaMask，錢包裡就有錢了。接下來請登入最大的 NFT 銷售平台 OpenSea，並試著購買商品。利用「瀏覽」及「篩選功能」，可以立刻篩選出你想找的東西。

錢包有支付加密資產的功能。匯入 MetaMask 的以太幣是用來購買商品的加密資產。你只能依照匯入的金額進行交易。首先，請在 OpenSea 註冊帳戶。進入官方網站，建立帳戶，就會啟動 MetaMask，並利用「簽署」功能連結 MetaMask 與 OpenSea。接下來請依照畫面上的步驟，輸入姓名及電子郵件信箱，使用傳到信箱的電子郵件進行最後驗證，即可完成註冊。

在 OpenSea 購買 NFT 的流程

❶ 在OpenSea註冊前的準備工作

● 註冊MetaMask等錢包
● 在加密資產交易所（銷售所）購買以太幣並匯入MetaMask

❷ 在OpenSea註冊

● 進入OpenSea官網
● 利用「create」鈕建立帳號
● 錢包＝啟動MetaMask，按下「簽署」
● 連結帳號
● 輸入姓名與電子郵件
● 電子郵件信箱收到確認信件，驗證後，即完成註冊

具體的購買方法依網路商店為準。按一下「Explore」標籤，顯示可以購買的 NFT 清單。接著在「**搜尋框**」輸入關鍵字進行篩選。依照遊戲、交易卡的名稱、藝術品的種類等大致搜尋之後，再使用篩選功能詳細分類。接著是結帳（購買）方法。按一下你想購買的項目畫面，按下藍色的「Buy now」鈕，就會切換至結帳畫面。按下「Checkout」鈕，會顯示「項目的金額、瓦斯費、加總金額」。加總金額沒問題的話，按下「continue」結帳，即可完成 NFT 的購買流程。

❸「瀏覽」NFT

- 按下「Explore」標籤
- 顯示可以購買的遊戲角色、交易卡、藝術品清單
- 在「搜尋框」輸入感興趣的遊戲名稱或想購買的藝術品名稱
- 使用左側的選單列進一步篩選內容
  ※請運用篩選功能，測試各種搜尋條件

❹ 購買NFT

- 按一下想購買的項目
- 按下藍色的「Buy now」鈕
- 切換成結帳畫面，按下「Checkout」
- 顯示項目金額、瓦斯費及加總金額
- 如果金額沒問題，就按下「continue」鈕
- 購買完畢
  ※請記住瓦斯費會變動

14 在 OpenSea 銷售 NFT 的具體步驟

這次要試著在 OpenSea 銷售 NFT。假如你沒有可以銷售的 NFT，就自行製作。只要了解格式，一點都不難。銷售方法有三種，請選擇適合你的方法。

如果要在 OepnSea 銷售 NFT，請先將游標移動到 OpenSea 網站右上方的紅圈，按一下「Profile」。此時會顯示你持有的 NFT，已經持有 NFT 的使用者可以直接上傳。如果尚未持有 NFT，會顯示「No items to display」。接下來，請試著自行製作 NFT。支援的格式包括一般常見的 JPG、MP3、MP4、GLB 等，難度並不高。

銷售 NFT 的基本知識

首先進入「My Collections」，建立儲存 NFT 的資料夾＝ Collection，設定 LOGO 影像、Banner 影像、Eye Catch 影像，輸入 Name ＝ Collection 名稱、URL ＝個人的網頁、Description ＝商品的詳細說明、Links ＝個人的社群媒體帳號。決定 Royalties ＝二次銷售時的權利金、Blockchain ＝使用的區塊鏈種類、Payment tokens ＝交易使用的加密資產。接下來要建立原創內容，製作完畢之後，按一下資料夾內的「Add item」，寫入設定內容，這樣就完成個人的 NFT 內容。銷售方法包括「**定價銷售**」、「**英式拍賣方式**」（價格遞增式）」、「**荷蘭式拍賣方式**（價格遞減式）」，請選擇適合個人的方法。

15 投資 NFT 相關虛擬貨幣

從 NFT 獲利的另外一種方法就是投資「NFT 相關虛擬貨幣」。國外已經可以交易超過 150 種以上的虛擬貨幣，日本也可以投資嗎？

在 NFT 交易中，主要使用的加密資產是以太幣。可是最近出現一個很大的問題。由於以太幣價格上漲，瓦斯費也變得昂貴。為了解決這個問題，市場上開始積極開發代替以太幣的加密資產，其中專門開發給特定 NFT 平台使用的加密資產愈來愈多，國外已經可以交易超過 150 種以上與 NFT 有關的加密資產。

一般認為 NFT 相關虛擬貨幣的市價愈高，交易量愈多，愈受歡迎，也相對穩定。國外加密資產媒體上的價格是由專家負責評估預測，可以當作判斷依據。

日本可以購買 NFT 相關虛擬貨幣？

① 首先查詢NFT相關虛擬貨幣
查詢你想投資的加密資產「市價」，市價愈高，交易量愈多，行情相對穩定。市價低的商品代表需求減少＝價格變動的風險較高

② 參考國外的價格預測
國外的加密資產媒體會由專家運用演算法，對價格預測發表意見

可是在日本使用 NFT 相關虛擬貨幣時，可能會出現問題。現在日本可以購買的加密資產有三種，包括 **Enjin Coin（ENJ）**、**Tezos（XTZ）**、**Palette Token（PLT）** 等。

當然，其他還有 Sand Coin（SAND）、Chiliz（CHZ）等許多 NFT 虛擬貨幣。如果要投資或使用這些加密資產，只能在國外銀行開戶管理，或把在日本買進的比特幣、以太幣等匯到國外交易所，再轉換成 NFT 相關虛擬貨幣。（註：以上內容僅適用日本環境。）

■ 日本可以購買的NFT相關虛擬貨幣
- Enjin Coin(ENJ)
- Tezos(XTZ)
- Palette Token(PLT)

■ 國外主要的NFT相關加密資產
- Enjin Coin(ENJ) ……… 市值排名第59名
  最大發行數量一億枚
  在日本的交易所上市
  （截至2022年1月）
- Tezos(XTZ) …………… 市值排名第46名
  最大發行數量100億枚
  在日本的交易所上市
  （截至2022年1月）
- Sand Coin(SAND) …… 市值排名第36名
  無法在日本交易
  （截至2022年1月）
- Chiliz(CHZ) …………… 市值排名第78名
  無法在日本交易
  （截至2022年1月）

■ 日本主要的NFT相關加密資產
- Palette Token(PLT) … 市值排名第3651名
  最大發行數量10億枚
  在日本的交易所上市

※市值排名參考CoinMarketCap

奇怪？國內好像只能買三種

抓頭

要根據專案的目的和市值排名來決定嗎

其他虛擬貨幣必須在國外開戶才行啊

Enjin Coin、Tezos、Palette Token（PLT）該選哪一種，頭好昏～

16 在國外交易所開戶的風險？

在日本購買 NFT 相關虛擬貨幣時，只能交易已向有關單位申報的加密資產，但是在國外交易所開戶，可以購買其他加密資產。不過你必須特別留意其中的一些風險。

熟悉 NFT 的購買及銷售之後，有些人會想投資優質的 NFT 相關虛擬貨幣。在 **國外交易所** 開戶，可以交易沒有在日本上市的加密資產。為什麼是國外？因為日本只能交易已向有關單位申報的加密資產。

以下將先確認你想開戶的國外交易所，是否能處理你預計投資的加密資產，確認可以交易你想投資的加密資產後，請先在國內的交易所購買比特幣或以太幣，接

注意交易所的安全性與金融廳的政策

著再匯入國外交易所的帳戶。

這樣就會把加密資產轉移到國外的交易所，之後只要轉換成可以交換的加密資產即可。不過這樣做其實有一定的風險，部分交易所可能有安全方面的疑慮，而且該交易所未在日本金融廳註冊，必須注意是否牴觸金融法規。在這些交易所當中，雖然有部分交易所有許多使用者，卻也被日本金融廳多次示警，因此要特別留意。（註：以上內容僅適用日本環境，在台灣交易請務必遵守台灣相關法規。）

重要的 NFT 商業用語 ③

1. 山寨幣（P89）

山寨幣（Altcoin）是替代幣（Alternative Coin）的簡稱，代表比特幣以外的加密貨幣。山寨幣改善了比特幣的缺點及不完備的功能，在市場上大量流通，流通量也持續擴大。然而，山寨幣的流動性低於比特幣，無法隨時買賣，且市價低，缺乏信賴度與安全性，因而受到批評。據說現在全球有 5,000 種以上的山寨幣。具有代表性的山寨幣包括以太幣、瑞波幣、波卡幣、萊特幣等。

2. 加密資產交易所（P92）

這是指在網路上營運的服務，是與擁有加密資產的其他使用者交易的場所。註冊帳號後，就可以在網路上交易。進行交易的場所包括交易所與銷售所，兩者的差別在於：交易所是買家與賣家交易加密資產；而銷售所是業者直接與使用者買賣加密資產。交易需要手續費，交易所的手續費通常比銷售所的手續費（賣價與買價的差額＝一般會顯示為價差）便宜。銷售所與交易所不同，不會有交易不成立的情況，但是在交易所，不論需要多少加密資產，如果沒有人想以出價賣出，買賣就不會成立。

3. 價差（P95）

這是指賣價與買價的價格差異或利潤差。換句話說，這就是利潤。價差（Spreed）原本是英文的「寬度」、「廣度」的意思。利用了這種價差的經濟型交易方法也稱作價差交易、套利交易。簡單來說，價差交易是購買便宜的投資對象再高價賣出，藉此獲利的方法。

4. ERC-20 代幣（P98）

ERC 是 Ethereum Request for Comments（以太坊技術提案）的縮寫。這是提高整體社群方便性的共同標準。其中最具代表性的 ERC-20 在 2015 年建立，之後發行 ERC-20 代幣帶動 ICO（Initial Coin Offering）熱潮，導致以太幣（ETH）價格上漲。在 ERC-20 代幣出現之前，如果要在加密資產交易所開始服務，必須調整系統，以符合該服務。但是 ERC-20 代幣出現之後，統一了代幣。ERC-20 代幣可以進行群眾募資、專案投票、結算交易手續費、建立新代幣。在 2020 年 12 月，據說有約 830 個專案及 35 萬以上的代幣都遵循 ERC-20 規格。

5. API（P101）

這是指把應用程式或軟體連接到程式的系統。API 是 Application Programming Interface（設計應用程式介面）的縮寫。API 可以透過公開軟體或應用程式的一部分來連接各個軟體。換句話說，不同軟體或服務之間，能共享認證功能或聊天功能。允許一方提供數據資料給另一方，並用其他程式分析資料。API 這種相容性功能的優點是，透過連接應用程式的方式，擴充各個使用者使用的設備功能，提高方便性。

6. 利用認證碼進行二階段認證（P101）

這是使用智慧型手機或行動電話的簡訊服務（SMS），確認是否為本人的方法。近年來，除了 ID 及密碼之外，使用認證碼的情況也逐漸增加。認證碼普及化的理由有以下幾點：智慧型手機或行動電話的持有率提高，物理上智慧型手機或行動電話為本人所持有，因此可以有效防止詐騙。

7. 英式拍賣（P105）

這是一種拍賣方法，買家出價，最終由提出最高價格的買家得標。英式拍賣（English Auction）有各種類型，主要包括有時間限制的蘇格蘭拍賣（Scotland Auction），以及無法正確得知拍賣何時結束的蠟燭拍賣（Candle Auction）。英式拍賣是最常見的拍賣方式，不限於 NFT 交易，也不限網路上交易，這是很古老的銷售方法。

8. 荷蘭式拍賣（P105）

這是從最高價開始逐漸往下喊價，第一個買家出價，買賣就成立的競標方法。荷蘭式拍賣（Dutch Auction）又稱減價拍賣。你只要了解一般的英式拍賣是買家往上出價，而荷蘭式拍賣剛好相反即可。原本這是荷蘭的花市使用的拍賣方式，優點是交易速度快。因為可以快速成交，所以現在各種市場也會採取這種拍賣方法。例如在證券市場中，美國公債的投標方式，以及美國企業收購自家公司股票時，就會使用這種方法。

Chapter 4

避免發生問題！
徹底運用 NFT 必備的
法律與會計知識

世上第一則推文

當你開始進行 NFT 商業應用時，
會面臨到法律及會計方面的問題。
因此這一章將學習展開 NFT 商業應用時，
應注意的法律及會計知識。

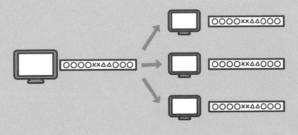

01 何謂發行 NFT（NFT 化）？

利用某種方法連結數位內容，發行特定代幣，就稱作「NFT 化」。藉由無法拷貝、增加代幣的特性，賦予數位內容稀少性。

代幣是一種數位內容，它最大的問題是可以複製。因此，過去被認為不適合有附加價值的商品交易。可是在區塊鏈上發行的數位內容轉換成專屬代幣（NFT 化）後，創造出有特定屬性或值、沒有替代性的代幣。內容個別化可以讓大眾認同每個 NFT 代幣的稀少性，發現部分藝術作品的價值不菲，遊戲角色或交易卡也變得普及，因而建構出大規模的市場。

專屬代幣的市場潛力

發行 NFT 究竟是什麼意思？這是指遵照區塊鏈的規則製作代幣。此外，發行者將該代幣轉移（銷售等）給第三者也稱作「發行」。但是 NFT 的持有者與購買者的交易幾乎都是由交易平台（市場）處理，該平台負責發行和銷售 NFT。大致的 NFT 交易流程，是 NFT 的持有者把商品上傳至交易平台，購買者瀏覽交易平台，搜尋想購買的商品。交易平台會先建立交易機制，當 NFT 持有者與購買者的需求一致時，交易自動成立，整個交易會受到交易平台事先制定的使用條款約束。

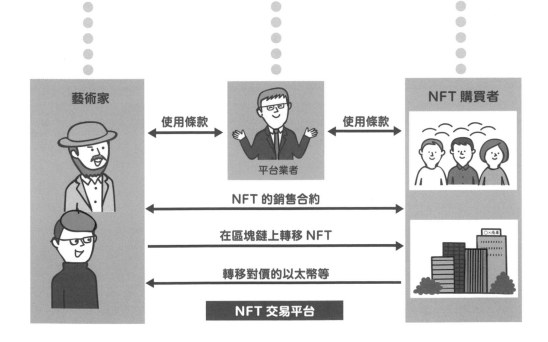

- 藝術家將藝術作品轉成 NFT
- 上傳至平台
- 當出現購買申請時（拍賣是指拍賣結束時間），會自動移轉 NFT
- 對價取得以太幣之類的加密資產

- 在 NFT 交易平台介紹藝術家的商品
- 讓 NFT 購買者瀏覽
- 雙方都要先同意服務使用者的「使用條款」
- 買賣成立時，以加密資產以太幣等取得手續費

- 瀏覽平台
- 選擇有興趣的藝術作品，進行申購或投標
- 以加密資產以太幣支付購買費用
- 在個人的錢包接收 NFT

藝術家 — 使用條款 — 平台業者 — 使用條款 — NFT 購買者

NFT 的銷售合約

在區塊鏈上轉移 NFT

轉移對價的以太幣等

NFT 交易平台

02 易混淆的「藝術 NFT」與「NFT 藝術」

數位藝術作品 NFT 化之後，具有獨一無二性，而且還發現了稀少性這個附加價值，但是這種概念在法律上的定義會有問題。以下將分別說明「藝術 NFT」與「NFT 藝術」的差異與關聯性。

Beeple 讓 NFT 藝術交易一舉成名，且接二連三出現高價售出的數位作品，自此之後，NFT 藝術市場變得十分活絡。這裡的問題在於「NFT 藝術」與「藝術 NFT」的定義不同。雖然讓人很困擾，但是這種因解釋差異衍生出重大問題的情況其實很常見。一般而言，在市場上流通的「NFT 藝術」是指透過 NFT 販售藝術作品，也就是持有作品的樣本，而「藝術 NFT」是指轉移代幣的 NFT。

導致誤解的獨占權「處理」

這兩個名詞的用法與根本問題「賣什麼」有關。身為藝術家，他們並不打算轉讓藝術作品的獨占權，實際交易的只是與其連結的代幣，亦即NFT（藝術NFT），而不是藝術作品本身。可是部分購買者會誤以為自己買了轉換成NFT的藝術作品（NFT藝術），所以擁有了獨占權。因此你必須了解，一般交易的是代幣（藝術NFT），而藝術家擁有藝術作品（NFT藝術）的獨占權。

03 「著作權」究竟是什麼？

著作權法是用來維護「以創作方式表現想法或情感」的著作物權利，數位藝術也是一種著作物。著作者的權利受到侵害時，可以提出禁止請求、損害賠償請求、刑事處罰。

絕大多數的人都有著作權方面的基本知識。著作權的對象，亦即「著作物」包括小說、音樂、繪畫、電影等各種類型，雖然著作權法僅列舉這些項目，不過只要是創作性的表現，很多都屬於著作物。有些人認為網際網路上的資料沒有著作權，其實大錯特錯。請特別注意，侵害著作權會有嚴重的法律制裁，包括禁止請求、損害賠償請求、還有刑事處罰等。

著作權法是保護藝術家的法律

廣義的著作權包括「著作財產權」與「著作人格權」。其中，著作財產權與著作人格權不同，著作財產權可以轉讓給第三者。此外，著作者可以不轉讓著作權，只與使用者簽訂在一定範圍或期間內的使用許可（授權）。如果著作者希望由不特定多數人基於一定條件使用著作物時，可以發布並執行「公共著作權授權條款」，例如「創用 CC 授權條款」等。

119

04 依照使用條款檢視藝術 NFT 的「處理」方式

NFT 交易平台商是藝術著作權人與購買者之間的橋梁，業者會先向雙方顯示「使用條款」，並取得雙方同意。只要遵照「使用條款」進行交易，就不會產生誤解。

大部分的 NFT 交易都會透過交易平台。平台負責把內容轉換成 NFT，並進行展示、交易結帳，是 NFT 交易時不可或缺的重要角色。介於藝術著作權人與購買者之間的平台業者，是依照何種法律來聯繫兩者？銷售者與購買者在使用平台時，要先同意「使用條款」，只要有了使用條款，就不會發生問題了嗎？

每個平台的「使用條款」都不相同

使用條款是說明使用平台時的各項規定。NFT 沒有明確的法律定義，各大平台與業者的想法都不一樣，對著作者權限提及的範圍也不相同。例如，A「持有藝術 NFT 不等於擁有 NFT 藝術的著作權」，B「以發行 NFT 的藝術家設定的內容為基準」，C「平台內統一 NFT 藝術的使用範圍」，D「只能宣告自己是藝術 NFT 的持有者」，每個平台的條款不同，但是基本上不會認為「購買＝轉讓著作權」。NFT 的持有者能得到何種權利？通常必須確認個別的交易條件而不是使用條款。

「使用條款」＝
平台業者讓使用者同意的規定

| 發行 NFT 的藝術家可以個別設定 | 統一 NFT 藝術的使用範圍 | 藝術 NFT 持有者只能宣告購買、持有 NFT 的事實 |
| 只允許非商業使用 | 允許所有商業使用 | 允許複製、展示等部分使用方法 |

每個 NFT 平台的「使用條款」都不同，
必須仔細研讀

05 持有藝術 NFT 會擁有 NFT 藝術的「所有權」？

假設你在 NFT 交易平台支付相對價格，持有藝術 NFT，這樣算是擁有 NFT 藝術的「所有權」嗎？數位藝術的所有權必須從法律層面多方面思考，這點很重要。

從投機面來看，很多人認為 NFT 藝術是和美術一樣的資產而打算購買、持有。這些人通常是透過交易平台支付以太幣等加密資產取得 NFT，也一定聽過「數位所有權」。的確，像 Beeple 的作品一樣高價的交易商品，是很吸引人的投機對象，當作代幣持有也不占空間。由於 NFT 不可複製，也不用擔心會失去稀少性。可是，該資產背後是否有法律的支持？

請注意持有＝不等於所有權

現在對於「持有」NFT 已有清楚的論述。只有知道區塊鏈上的錢包對應「私鑰」的人，才能把 NFT 轉移給第三者，因此，有人認為透過管理該代幣的私鑰，屬於事實上的擁有者為「所有者」。可是，這裡有個法律的問題：民法上，包含數位藝術在內的資料無法成為所有權的對象，只有「有形的物體」才能定義為所有權的對象；資料是「無形物體」，原本就無法成為所有物，當然沒有所有權，該代幣被誰奪走，也無法根據所有權行使返還請求權。換句話說，即使支付了對應的價格持有藝術 NFT，也很難說是合法「所有」。

06 持有藝術 NFT 等於持有 NFT 藝術的著作權？

原本數位藝術並沒有法律上的所有權。可是藝術家的著作權與藝術作品之間有何關聯？此外，購買者可以持有數位藝術嗎？

法律以及各方對 NFT 的見解尚未統一。但是當使用者為了尋求便利性而逐漸擴大市場的同時，也會衍生出新的課題，NFT 的著作權就是典型的例子。按照現有慣例，未必能解決這些問題。NFT 藝術的著作權，可以隨著藝術 NFT 的交易而轉讓嗎？就法律而言是可能的。著作者與購買者之間確定達成共識就沒有問題；當事者同意，就能轉讓著作權。

是否能用代幣轉讓著作權？

「只透過 NFT 代幣交易就可以轉移著作權」這件事做得到嗎？在著作權法上，著作權的轉讓方法不能限定特定方式。假設藝術 NFT 的所有者另外用合約轉讓了著作權，卻沒有轉讓 NFT。這樣 NFT 與著作權不一致，之後即使取得 NFT 轉讓，也無法取得著作權轉讓。看到這裡，你就會了解「只透過 NFT 代幣交易就可以轉移著作權」的作法本身有點問題。一般認為，依照著作權給予 NFT 持有者一定的使用許可還比較務實，實際上這種作法也很常見。

07 持有藝術 NFT 的本質？

你應該已經了解即使持有藝術 NFT，也不代表取得了該藝術作品的某些權利。持有藝術 NFT 的本質究竟為何？

美術界的「**贊助者**」是支援藝術家藝術活動的人。美術（繪畫等）的贊助者會透過購買作品提供經濟支援，但是他們不會得到該作品的著作權等權利。然而，NFT 藝術的持有者可以公開作品，讓任何人瀏覽，但是大多未擁有包括著作權在內的任何權利，這點其實與美術的「贊助者」類似。不過與美術的贊助者不同的是，NFT 持有者沒有所有權，這或許是 NFT 的優點。

「贊助者」可以提高地位

首先，NFT 的持有者是以「對價」方式對著作權人，也就是藝術家做出經濟上的貢獻。假設持有者把 NFT 藝術轉移給第三者，第三者會支付對價給持有者。一般而言，各個平台都有提供這種二次使用時，著作者可以獲利的機制。這樣你應該可以了解持有者＝贊助者對著作者很重要。而贊助者的優點是，NFT 藝術會在區塊鏈上記錄持有者，即使持有者變成別人，名字也不會消失，所有在上面留名的人都可以視為著作者的贊助者。美術沒有這種現象，因為這是由存放交易記錄的區塊鏈所衍生出來的特色。

數位藝術作品與 NFT（已公開）	美術及其所有者（已公開展示）
任何人都可以造訪、鑑賞	任何人都可以參觀、鑑賞
NFT 持有者 ＝ 非著作權人	所有者 ＝ 非著作權人
持有者可以出售、轉移NFT	所有者可以出售作品，轉移所有者

08 NFT 與金融法規的關係？

除了 NFT 之外，在區塊鏈上還有許多代幣功能、種類及該代幣所代表的權利，其中部分代幣需要遵守資金結算法等金融法規。

NFT 具有可以區分每個代幣本身專屬值的功能。藉由賦予數位內容唯一性，而提高經濟方面的附加價值。在區塊鏈上發行的比特幣被歸類為「加密資產」，受到資金結算法的監管。那麼，法律上如何看待 NFT 呢？

與 NFT 代幣有關的金融法規

除了 NFT 代幣之外，在區塊鏈上發行的代幣具備無數的功能及代表該代幣的權利。這些代幣適用哪種法律呢？如果該代幣具有經濟功能，可以當成一種支付手段，在區塊鏈上轉移給不特定的多數人，就會視為加密資產而受到資金結算法的規範。若是代表股票、公司債、基金持分等相關權利的代幣，將視為有價證券，比較可能受到金融商品交易法（金商法）的規範。倘若與 NFT 有關，就得個別檢視，如以下的區塊鏈所示。（註：以上內容僅適用日本環境，在台灣交易請務必遵守台灣相關法規。）

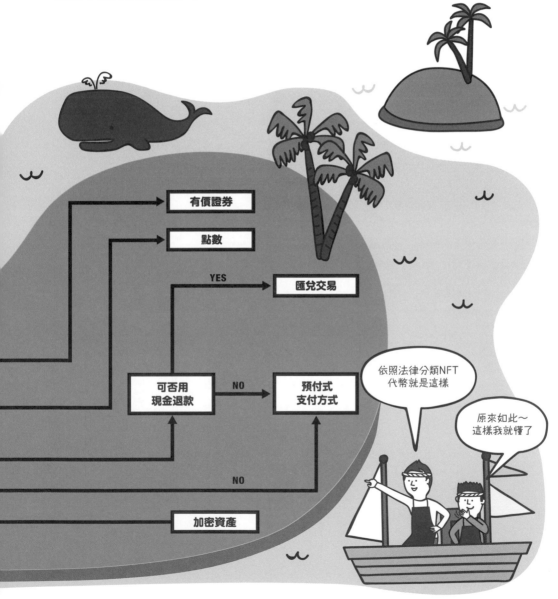

有價證券

點數

YES
匯兌交易

可否用現金退款 　NO　 預付式支付方式

依照法律分類NFT代幣就是這樣

原來如此～這樣我就懂了

NO

加密資產

09 NFT 是否為加密資產？

NFT 屬於資金結算法上的<mark>加密資產</mark>嗎？有三個條件，其中最重要的是 NFT 是否具備支付方法等經濟功能。

資金結算法對加密資產的定義是①可以當作償還物品或服務的價款，不特定者可以使用，且能由不特定者購買、出售。②具有電子記錄的財產價值，使用電子資料處理裝置就可以轉移。③非本國貨幣、外國貨幣及貨幣資產。同時符合①～③條件的就是 1 號加密資產。具備②③條件，在不特定者之間，可以互相交換 1 號加密資產的是 2 號加密資產。NFT 是否符合這些條件？

關鍵是有沒有支付方式

例如，以太幣為 1 號加密資產，和 NFT 一樣，都是在區塊鏈上發行的代幣。雖然 NFT 不太符合①的條件，卻可以和不特定者交換以太幣這個 1 號加密資產。乍看之下，你可能認為 NFT 已經滿足了 2 號加密資產的條件。然而，根據日本金融廳的「事務指導方針」，記錄在區塊鏈的交易卡或遊戲內的項目等沒有支付方式等經濟功能，所以不算是 2 號加密資產。因此，一般的 NFT 不等於加密資產。

10 NFT 是「預付式支付方式」？

預付式支付方式包括「儲存價值」、「對價發行」、「權利行使」等三個條件，和加密資產不同，只有特定人士才能使用。那麼，NFT 是預付式支付方式嗎？

預付式支付方式的條件為何？資金結算法的定義如下：①記載或記錄金額等財產價值（儲存價值）。②以對應金額或數量的對價所發行的憑證等編號、符號及其他符號（對價發行）。③發行者或發行者指定的人可以用來償還債務（行使權利）。符合①～③的條件，就是預付式支付方式。其中有一個特色是，加密資產能與不特定多數人交易，而預付式支付方式只能由發行者（加盟店）使用。

仔細檢查相關內容

預付式支付方式分成「自家型預付式支付方式」及「第三者型預付式支付方式」。自家型只能用在支付發行者提供的商品或服務，不負責加盟店與使用者之間的支付。第三者型是發行者負責仲介支付，把使用者預先支付的價款支付給提供商品或服務的加盟店。包括日本銀行券、郵票、印花、驗訖標籤等法律上為有價物的物品以及高爾夫、網球等會員資格，贈品兌換券等，以驗證身分為目的，沒有財產價值的物品。就 NFT 而言，一般沒有當作支付方式的經濟功能，因此被認為是非預付式支付方式。（註：以上內容僅適用日本環境，在台灣交易請務必遵守台灣相關法規。）

11 NFT 是匯兌交易？

持有銀行牌照者，或登記為資金移動業者可以執行 匯兌交易，且必須遵守各種規定。那麼我們可以說 NFT 具有能進行匯兌交易的功能嗎？

匯兌交易是指「承攬或執行客戶的委託，使用轉移資金的機制移動資金，顧客與另一方不需要直接傳遞現金」。如果要執行匯兌交易，按照交易金額，必須擁有銀行牌照或登記為資金移轉業。資金移轉業分成第一種資金移轉業（交易金額 100 萬以上）、第二種資金移轉業（交易金額 100 萬以下）與第三種資金移轉業（交易金額 5 萬以下），必須向政府當局註冊。

匯兌交易的規定很複雜

4

避
免
發
生
問
題
！
徹
底
運
用
ＮＦＴ
必
備
的
法
律
與
會
計
知
識

政府對資金移動業者有詳細規定。「留存規定」是指收到使用者的資金後，不可持有未用於匯兌交易的部分，必須返還給使用者。此外，為了保護使用者的財產安全，必須透過「保證金」、「履約保證金保全合約」、「信託契約」等方法保障資金。尤其第三種資金移動業雖然沒有交易金額上限，卻得遵守嚴格的規定，例如必須向政府當局提出業務執行計畫並獲得批准。一般而言，使用 NFT 的交易不屬於匯兌交易，不過 NFT 可以輕易轉換成法定貨幣，所以利用 NFT 當作匯款手段的服務，可能受到匯兌交易相關規定的限制。（註：以上內容僅適用於日本環境，在台灣請務必遵守台灣相關法規。）

12 當作服務「福利」的 NFT

對消費者而言，集點卡已經變成不可或缺的一部分。NFT 交易也可以集點嗎？哪種情況不會抵觸金融法規？

各大信用卡公司、加盟店、地方政府等發行集點卡的「**點數**」，在消費者心中已經建立起相當於現金的附加價值。一般對點數的定義是「購買商品或接受服務時，免費贈送，下次購物時，可以抵用部分價格」。點數的型態非常多元，包括根據商品或服務的金額，給予一定比例的點數，或按照到訪次數，發行一定數量的點數。原則上，點數並未受到法律的規範。

注意點數的性質

如果在 NFT 給予點數會如何？基本上，當作點數發行的代幣不適用金融法規，卻也有一些注意事項。取代商品券、儲值卡等預付式支付方式，改發行點數時，點數有可能算是預付式支付方式。當作點數取得的代幣若能轉換成加密資產，可能就屬於一種加密資產。此外，遊戲業者為了增加新使用者或有效使用者而舉辦活動，免費提供角色或道具時，因為不是點數，而可能會受到「景品表示法」的規範。（註：以上內容僅適用日本環境，在台灣請務必遵守台灣相關法規。）

※備註：關於景品表示法請參考 P142。

注意點 1

用點數取代商品券、儲值卡時，可能屬於「預付式支付方式」

注意點 3

免費提供給使用者，當作活動贈品時，要評估是否符合「景品表示法」

注意點 2

當作點數發行的代幣能換成比特幣時，可能屬於「加密資產」

基本上沒有問題，但是必須注意①～③這幾點

何謂點數？

購買商品或服務時，免費取得，基本上不受金融法規限制

原來如此～

13 NFT 與有價證券的關係

有價證券從紙本發行證券變成數位證券之後，金融商品交易法也做了修正，並分類成幾個類別。電子記錄移轉權利這個新概念與 NFT 之間究竟產生了何種變化？

一般而言，利用區塊鏈處理數位有價證券產生了幾個優點，包括①不需要管理者，可以 365 天 24 小時進行交易，提高流通性。②利用智慧合約，讓發行證券到償還都能自動化管理，並減少管理成本。③出現了使用區塊鏈的二級市場，使得金融商品變得多樣化。同時，日本金商法也在 2019 年的修正法案中，導入「電子記錄轉移權」及「電子記錄移轉有價證券顯示權利」等概念，針對部分在區塊鏈上，以代幣形式發行的數位證券設定了新規定。

數位證券的特色？

數位證券

優點是？
① 365 天 24 小時都能交易，提高了流通性
② 自動化管理證券發行到償還，減少管理成本
③ 金融商品多樣化

這些都是托區塊鏈的福

2019 年

金商法

增加數位證券的規定

● 電子記錄移轉權
● 電子記錄移轉有價證券顯示權利等

到目前為止的有價證券

電子記錄移轉有價證券顯示權利等，包括在區塊鏈上以代幣形式發行的有價證券。與一般有價證券相比，加強了**數位證券**發行者要公開一定資料的規定（披露規定），以及對處理業者的各種規定（登記限制、行為限制），必須慎重因應。現在 NFT 大多使用在交易卡、遊戲角色上，這裡提到的數位證券通常不屬於這種情況。未來在虛擬空間上，執行不動產等 NFT 交易活絡之後，有價證券的法規適用性可能會成為問題。

數位證券

強化規定

披露規定
要求發行者披露一定資料的規定

登記規定、行為規定
對處理業者的各種規定

希望大家
謹慎應對

與 NFT 的關係

● 現階段幾乎都是以數位交易卡、遊戲角色等數位內容為主，很少有這種案例

● 將來隨著數位內容上的不動產交易活絡之後，或許會增加屬於有價證券的部分

14 「賭博罪」是區塊鏈 最容易發生的問題

提到賭博，就會想到賭場的撲克牌遊戲、骰子賭博、賭博麻將等，但是數位賭博也愈來愈普遍。區塊鏈遊戲與「賭博罪」的界線在哪裡？

大多數的人都知道賭博是違法的，可是構成賭博的條件是什麼？整理刑法上關於賭博的判例可以得知，當（a）兩人以上（b）透過偶然的勝敗，（c）對財務、財產上的利益（d）爭奪得失的行為（e）超越在暫時性娛樂物品上下注，就會觸犯賭博罪。在國內做出這樣的行為才構成賭博罪，國外賭博不會被控賭博罪，可是在網際網路上使用設立於國外的線上賭場服務，同樣適用居住者進行了賭博行為的情況。

確定違法的界線

（a）兩人以上
（b）透過偶然的勝敗
（c）對於財務、財產上的利益
（d）爭奪得失的行為
（e）超越在暫時性娛樂物品上下注

在美國，數位交易卡很流行，我也想在日本賣

欸，這樣不會觸犯賭博罪嗎？

交易卡有什麼問題呢？

在日本，只要符合這五個條件的其中一部分，就構成賭博罪

與 NFT 有關的賭博罪到底界線在哪裡呢？（a）無法從各方面定義競爭對手就不適用。（b）非偶然的相對交易或拍賣就不適用。（c）財產上的利用價值也適用於無形的遊戲。（d）可以合理說明消費者沒有損失財產就不適用。（e）金額龐大就適用。這是法律上大致的解釋。因此，一般的 NFT 交易或拍賣不構成賭博罪。然而，以付費扭蛋方式銷售可以當作 NFT 發行的數位交易卡，因為故意產生價差，而有賭博的疑慮。請特別注意，使用者在花費金錢或加密資產的當下就構成賭博罪，與輸贏無關。

15 販售時必須注意「景品表示法」

日本的「景品表示」是指避免商品或服務顯示不當內容，或限制贈品價值，保障消費者權益與選擇商品機會的法律。在 NFT 運用景品（譯註：景品是指販售商品或提供服務時，附贈給顧客的贈品）進行交易時，必須注意哪些事項？

日本的「景品表示法」（正式名稱為「不當景品類及不當表示防止法」）是保護消費者的權益，避免妨礙消費者選擇合理商品的法律，其中包括「**不當表示規定**」。這是避免消費者誤以為商品或服務內容、交易條件明顯優於實際的規定。以 NFT 交易為例，有些顯示方式可能讓人誤會銷售 NFT 藝術時，也能轉移藝術所有權或有二次使用權，因此商品上架時，必須特別注意這個部分。

銷售 NFT 時，要注意「顯示內容」及「提供方法」

另一個是在「**過當景品規定**」中，成為規定對象的「**景品類**」條件是（a）當作吸引顧客的手段（b）業者（c）在提供的商品或服務交易（d）附加上（e）提供物品、金錢、其他經濟上的利益。主要是把景品類的金額限制在一定範圍內。任何人都可以取得的景品類稱作「總付景品」，透過機率或競爭取得的景品類稱作「懸賞」，兩種類別的金額限制不同。違反者會收到「行政指導」及「處置命令」，如果不遵守命令，最高可處三億日圓以下的罰金。此外，禁止**集齊式扭蛋**（隨機掉出的扭蛋中，收集特定組合再給予景品）。（註：以上內容僅適用日本環境，在台灣請務必遵守台灣相關法規。）

143

16 NFT 代幣發行者該如何處理銷售時的會計問題（收入）

「收入認列會計準則」與「收入認列適用方針」對於 NFT 代幣的會計處理是很重要的部分。與顧客簽約後產生的收入，該依照哪些步驟執行會計處理呢？

與顧客之間產生的收入適用「收入認列會計準則」及「收入認列適用方針」等會計處理。NFT 若是「企業正常營運所產出的商品或服務」，適用收入認列會計準則，需透過以下五個步驟認列收入。

① 確認與顧客之間的合約：必須從各個角度確認合約，如當事者是否接受合約，並承諾履行義務？是否可以確認與轉移商品或服務有關的當事者權利及付款條件？合約是否具有經濟上的實質性？對價回收的可能性高不高？② 確認合

以正確步驟執行會計處理

NFT 代幣的銷售收入，該採取何種會計處理呢？

不能採取一般的會計處理嗎？

只要按部就班就沒問題喔

① 確認與顧客之間的合約

- 當事者是否以書面或口頭等方式承認合約，並承諾履行義務？
- 是否能針對轉移的商品或服務確認當事者的權利？
- 是否能針對轉移的商品或服務確認付款條件？
- 合約是否有經濟上的實質性？
- 轉移給顧客的商品或服務，回收對價的可能性高不高？

首先請評估這五點

約的履行義務：是指與該顧客簽約之後，確認移轉給顧客的各項承諾之履行義務。移轉代幣之後，如果對持有者有提供保證商品或服務的義務，就得確認該履行義務。③ 估算交易價格：這是考量合約條件及交易慣例，預估企業發行代幣的對價金額。④ 合約履行義務的交易價格分配：將③ 估算的交易價格分配給② 確認的履行義務，只有在確認多個履行義務時才需要這個步驟。⑤ 認列滿足履行義務或因滿足履行義務而衍生的收入：確認是暫時滿足履行義務，還是在一定期間內滿足，如果是後者，會預估履行義務的進度，並根據該進度依序確認收入。

② 確認合約的履行義務

- 與顧客簽約後，確認移轉給顧客的各項承諾之履行義務
- 轉移代幣後，如果對持有者有保證義務，也要確認該履行義務

要個別處理合約

這和一般顧客服務一樣吧

③ 估算交易價格

- 估算透過代幣銷售，企業預估的對價金額
- 估算時，必須考慮合約條件、交易慣例等

這是把企業獲得的對價數值化吧

現金以外的交易是以時價為基準

④ 合約履行義務的交易價格分配

- 將③ 估算的交易價格分配給② 確認的履行義務
- 上述步驟，只有在確認多個履行義務時才需要執行

合約在這個步驟也很重要呢

如果合約只有一項履行義務就不需要

⑤ 認列滿足履行義務或滿足後衍生的收入

- 確認是暫時滿足，還是在一定期間內滿足履行義務
- 如果是後者，會預估滿足履行義務的進度，並根據該進度依序確認收入

我瞭解會計處理流程了

一般而言，通常都是「暫時滿足」喔

17 製作 NFT 代幣時的 會計處理重點？

與 NFT 代幣製作有關的會計處理必須一邊判斷製作代幣的相關活動或支出產生的費用是否與研究開發、軟體開發還是內容製作有關，然後一邊進行。

製作 NFT 代幣時，必須參考現有的會計基準或類似的商業實務慣例，判斷發生的費用是**研究開發費**、**軟體開發費**、**內容製作費**等哪個類別，再執行會計處理。由於每個目的都不一樣，一定要先正確了解自家公司的代幣。此外，請先記住，有時也會出現軟體開發費被視為研究開發費，或認為軟體開發費與內容製作費密不可分的情況。研究開發費，是用於把與傳統商品有顯著差異的製造方法具體

決定會計基準的類別

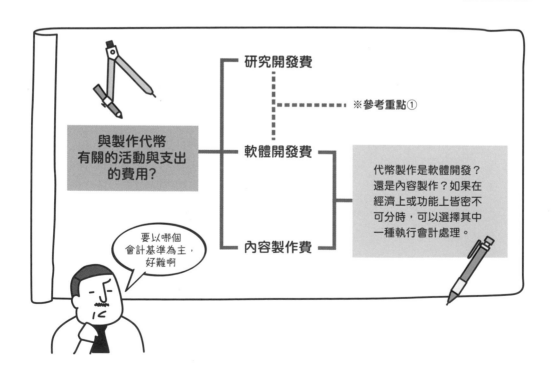

研究開發費

※參考重點①

與製作代幣有關的活動與支出的費用？

軟體開發費

代幣製作是軟體開發？還是內容製作？如果在經濟上或功能上皆密不可分時，可以選擇其中一種執行會計處理。

內容製作費

要以哪個會計基準為主，好難啊

化，如創造出前所未有的商品、服務概念等，還有設計、製作、測試試作品，製造已取得專利的可銷售商品之技術活動等相關費用。軟體開發費會隨著使用目的或銷售目的而異，但是多數的代幣開發都是以銷售為目的。如果是接單製作的代幣，將按照承包工程的會計處理，依循實務慣例，對各個合約進行「**原價處理**」。另一方面，如果是市售的代幣，計算費用時，必須將開發與製造分開。內容製作費沒有明確的會計基準，但是當作資產時，要計算庫存資產與無形固定資產。費用方面必須預估未來預期獲得的收入，並按照實際收入攤提，但是如果期末收入低於支出，就要計算「庫存資產評估損失」。

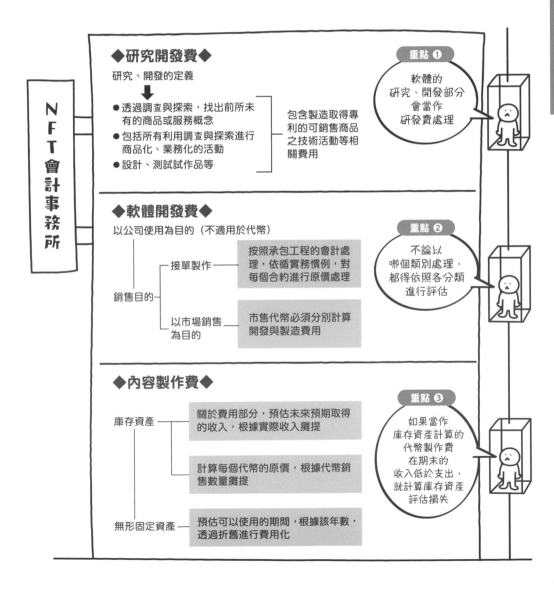

18 NFT 代幣的取得者 該如何執行會計處理？

製作或從銷售者取得 NFT 代幣時的會計處理，應注意哪些重點？主要分成**庫存資產與無形固定資產**，必須依照各種衍生出來的權利關係進行計算。

NFT 代幣的取得者在進行會計處理時，必須區別是庫存資產或無形固定資產，掌握持有代幣的權利及持有目的，仔細分類。

首先是庫存資產，這是指商品、產品、半成品、原材料、完成品等資產，以及企業為了達成業務目的，而擁有、出售的資產，還有在銷售活動及一般管理活動

依持有權利執行會計處理

取得者（依持有代幣權利或持有目的來區別）

① 庫存資產

- 商品、產品、半成品、原材料、完成品等資產
- 企業為了營運而持有或出售的資產
- 在銷售活動及一般管理活動中，短期耗費的事務消耗品等

與一般工作相比，感覺勞力工作比較多

根據各個分類，納入費用及進行資產評估

中，短期消費的辦公消耗品。因此，購買代幣的目的，是銷售時會當作庫存資產來執行會計處理。無形固定資產包括專利權、商標權、實用新型專利、工業設計使用權、軟體、其他不屬於流動資產或投資資產的無形資產（版權、著作權、電影公司的原畫權）。透過代幣不太可能持有專利權，卻可以擁有與著作物或軟體有關的使用權。請仔細檢查在會計上如何分辨這些權利，再列入資產。不論是庫存資產或無形固定資產，都要根據資產分類，納入費用及資產評估。

② 無形固定資產

19 與 NFT 交易有關的稅務如何處理？

NFT 代幣的稅務處理分成個人所得稅、公司稅、消費稅。不論持有或交易，都會按照性質詳細分類。以下將探討與交易有關的課稅問題。

持有及交易 NFT 代幣時，根據交易內容或交易時期，適用不同種類的稅則。以下將以區塊鏈遊戲中的項目轉換成 NFT 為例，說明一般交易時的課稅問題。

第一是「個人所得稅」：因 NFT 交易產生銷售收入時，會視為轉讓所得，課徵所得稅。反之，以低於取得價格轉讓時，如果是購買者之間的個人交易，會視為贈與，而可能產生贈與稅。與法人交易時，假設差額為所得（如果來自雇主，就屬於薪資收入；若是來自沒有關係的對象，則屬於臨時收入），會課徵所得稅或

了解代幣交易需繳納的稅金

① 個人所得稅

● 取得時
（價格接近特價時會出現問題）

個人 A ⟶ 個人 B

A 把代幣轉讓給 B 時，
可能會產生「贈與稅」

法人 X ⟶ 個人 C

C 如果是法人 X 的員工，
時價與買價的差額會當作薪資所得；
倘若法人 X 與 C 沒有關係，
則當作臨時所得，
兩者都可能被課徵
所得稅、個人住民稅

● 出售時
（產生銷售獲利時會出現問題）
因轉讓所得而課徵所得稅

個人住民稅（譯註：在日本的居住者，必須依收入向居住地的地方政府繳納稅金）。第二是「公司稅」：法人（包含個人業者）購買 NFT 時，支付的金額會成為取得價格，並視為資產。以低於交易時的時價取得 NFT 時，購買時的時價與買價之間的差額會當作受贈獲利，計入公司稅的應納稅所得額之利潤。此外，出售時的轉讓收入或轉讓損失，在計算課稅所得額時，會計入利潤或損失金額。

第三是「消費稅」：一般課徵的對象非個人，在日本，個人業者或法人出售 NFT 時，原則上轉讓對價需課徵消費稅。但是在基準期間的應稅營業額低於 1,000 萬日圓時免稅，不需要申報或納稅。（註：以上內容僅適用日本環境，在台灣交易請務必遵守台灣相關法規。）

重要的 NFT 商業用語 ④

1. 著作人格權 (P119)

這是保護著作者的名譽與耗費在作品上的心思之權利,和具有財產權性質的著作財產權不同。著作人格權包括以下四種:作者是否允許公開作品,並決定公開作品的時間與場所之公開發表權。作品的著作者是否顯示實名的姓名表示權。作品禁止不當變更的同一性保持權。有權禁止以傷害著作者名譽的方式使用作品,確保作品不會用來損害著作者的名譽聲望。著作人格權與著作財產權不同,無法轉讓。一般著作者為個人時,擁有著作人格權,而公司業務創作的作品若符合「職務著作」的條件時,著作者為公司,公司擁有著作人格權。

2. 使用許可 (授權) (P119)

這是指著作者賦予某個內容的使用權,最常見的內容包括書籍、繪畫、影片作品等。在 IT 界,一般認為這是指屬於著作權人的製造商允許使用者可以使用軟體。通常軟體製造商會向使用者顯示使用許可的條款並徵求同意,使用者同意之後才成立的使用許可合約,稱作終端使用者授權合約 (EULA:End User License Agreement)。取得使用許可的人不是著作權人,所以無法主張著作權,必須特別注意這一點。

3. 使用條款 (P120)

記載使用時的條件、規則、約定事項。服務提供者建立與多數使用者的共同適用規則,使用者同意之後,服務提供者與使用者之間,透過定型化條款簽訂合約。由於個人使用者對合約、提供的服務或商品不如業者這麼熟悉,因此消保法對合約內容加上一定的限制,例如對一方極為有利的條款無效。由於網站可能有多數不特定使用者會造訪,因而可能會依照使用服務的使用者類型,提供不同使用條款。此外,就處理個人資料的角度來看,通常會另外顯示隱私權條款,一般使用者也需要同意該條款。

4. 資金結算法 (P128)

這是與資金結算有關的法律簡稱,預付式支付方式、加密資產、資金移動等各種資金結算方法都適用該法律。日本在 2017 年 4 月率先導入虛擬貨幣交換業的相關條款,之後在

區塊鏈領域的金融相關法規中，此法被視為最重要的法律之一。經過 2019 年修正後，自 2020 年 5 月開始，「虛擬貨幣」的名稱改成「加密資產」。

5. 預付式支付方式 (P132)

這是一種先付錢再購物的消費付款方法。商品券、儲值卡都是預付式支付方式的典型例子。預付式支付方式有三種：商品券等型錄禮品券、磁力式或 IC 卡式的儲值卡、網路上可以使用的儲值卡。在預付式支付方式中，包括只能用於支付發行者提供的商品或服務的「自家型預付式支付方式」，以及其他加盟店也可以使用的「第三者型預付式支付方式」，如果是後者，沒有事先註冊就不能發行。預付式支付方式有幾項規定，其中最重要的是在每年兩次的基準日，未使用餘額的一半要託管給法務局。

6. 集齊式扭蛋 (P143)

在線上遊戲中，藉由花費遊戲內一定的貨幣，可以隨機得到遊戲內的項目，這種「扭蛋」機制很盛行（此名稱來自於玩具店裡可以隨機買玩具的「扭蛋機」）。隨著扭蛋盛行，出現了各式各樣的種類，其中最受矚目的是「集齊式扭蛋」。這是一種從扭蛋取得的項目（例如 A ～ Z 等 26 種）中，獲得所有（＝「集齊」）特定項目組合（例如 ABCDE），就能得到特殊項目當作獎勵的機制。如果要得到特殊獎勵，就得反覆扭蛋，把所有特定組合收集齊全。由社群媒體提供的「社群遊戲」是線上遊戲的主力，從 2011 年開始，集齊式扭蛋的社群遊戲大受歡迎，因而陸續出現為了獲得集齊獎勵，花費大量金錢的使用者。後來 2012 年 5 月出現集齊式扭蛋可能違反景品表示法的新聞，再加上社群媒體業者的獲利驚人，立刻受到大眾關注。具體而言，主要的爭議在於，這個部分是否屬於景品表示法規範的「卡牌配對」。因集齊式扭蛋的效果而迅速擴大的社群遊戲業界，在政府當局公告其適用「卡牌配對」規範之後，迫使業者必須正視這個問題。

Chapter 5

音樂、時裝、運動……
運用廣泛的NFT商機

NFT 可望運用在各式各樣的領域。
這一章將介紹嗅到 NFT 商業應用的商機
而採取特殊手段的企業或個人實例。

01 案例 1 NFT × 元宇宙①
—— 何謂元宇宙

元宇宙是指在網際網路上建構的虛擬空間。全球眾多使用者都可以連接上線，在這個虛擬世界裡玩樂、工作、從事與現實世界一樣的經濟活動。

元宇宙是科幻作家 Neal Stephenson 提倡的概念，這是組合「meta（超越）」及「universe（宇宙）」創造出來的字。具體而言，就是「在網際網路建構的虛擬三度空間中，使用替身互動的環境」。過去也有幾個以元宇宙為主的服務，但是在 2019 年 Facebook Horizon（現在改名為 Horizon Worlds）發布之後，許多人才開始注意。

眾多使用者或企業連線並從事活動的虛擬空間

meta（超越）
+
universe（宇宙）
＝
元宇宙
（虛擬實境）

現在的元宇宙服務大致分成兩種，一種是和 Horizon Worlds 一樣的「虛擬實境」，另一種是和 Pokémon GO 一樣的「擴增實境」。虛擬實境就像《一級玩家》描述的虛擬世界，而擴增實境最大的特色是現實世界為虛擬空間的一部分，把虛實共存的空間當作舞台。此外，投資家 Matthew Ball 針對元宇宙列出了七大必備條件，包括①永續、②同步、③同時連接無限的使用者、④完整的經濟功能、⑤與實際社會沒有界線、⑥相互操作性、⑦對廣大人群的貢獻。一般認為，今後的元宇宙將把這些條件當作基本架構持續發展。

元宇宙的七大條件

① 永續
不重置，會一直持續下去

② 同步
即時且大家可以體驗相同活動

③ 同時連接無限的使用者
大量人群連線並建立社群

虛擬空間

④ 完整的經濟功能
在虛擬空間可以工作賺錢

⑥ 相互操作性
不論哪種終端裝置都可以進行相同體驗

⑤ 與實際社會沒有界線
能體驗結合現實世界的活動！

內容

⑦ 對廣大人群的貢獻
形形色色的使用者或企業提供了大量的內容

02 案例 1 NFT × 元宇宙②
——NFT 帶來的開放式元宇宙

開放式元宇宙（Open Metaverse）是指橫跨各種虛擬空間、社群媒體、電子商務網站，可以交流數位資料的空間。在開放式元宇宙上，能保證各個數位資料價值的就是 NFT。

過去提到的元宇宙只限於遊戲內，這稱作封閉式元宇宙。在遊戲中，取得各種項目，不論付費或免費，都只在遊戲內才有價值。因為每個遊戲都以獨家程式建立虛擬空間，沒有與外部數位資料交流的通用性。可是，當開放式元宇宙的概念出現之後，改變了這個前提。

封閉式元宇宙和開放式元宇宙的差別

稀有項目

付費項目

遊戲
空間

稀有項目

稀有項目

封閉式元宇宙

在一個虛擬空間內取得的項目
或付費購買的項目，只能在該
空間或應用程式內使用

付費項目

開放式元宇宙，是指在虛擬空間內的數位資料具有廣泛的通用性，可以將角色、項目、高價商品等帶到其他外部空間互相交流。例如，在遊戲空間內取得的項目可以帶到其他遊戲或服務使用，在社群媒體上與其他使用者交易，或在電子商務網站上買賣，還能開發新項目，帶入虛擬空間使用。與中央系統管理所有項目，確保遊戲價值的封閉式元宇宙不同，如果想在不依賴特定服務提供者的情況下，達到這樣的狀態，就得準備沒有中央管理者，卻可以記錄並證明數位資料存在及交易真實性的機制。區塊鏈技術實現了這個目標，而 NFT 技術利用該記錄帳本，證明這是世界上獨一無二的數位資料。

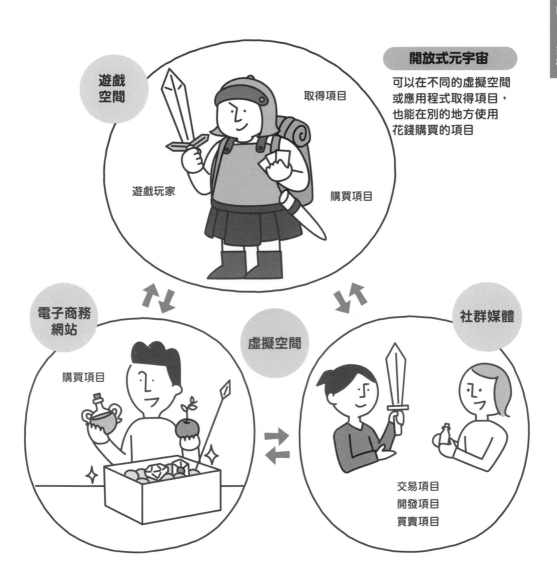

開放式元宇宙

可以在不同的虛擬空間或應用程式取得項目，也能在別的地方使用花錢購買的項目

遊戲空間

取得項目

遊戲玩家

購買項目

電子商務網站

購買項目

虛擬空間

社群媒體

交易項目
開發項目
買賣項目

03 案例 1 NFT × 元宇宙③
——Cryptovoxels

虛擬空間和現實世界一樣，會用「土地」＝「空間」展開經濟活動。土地所有者主導開發，由協助開發獲得對價的使用者或參加活動的使用者推動虛擬空間的經濟。

元宇宙是一個虛擬空間，可以過著和現實一樣的生活。因此，使用者必須爭取供自己活動的空間（土地）。具體而言，就是在虛擬空間中，購買轉換成 NFT 的土地或向土地所有者承租，接著開發該場所，建造建築物，將其當作經濟活動的基礎。如果是個人，是指製作項目的工房或工廠；若是企業，則是指辦公室、活動空間、門市等。當然，對個人而言，這只要有招攬顧客的能力，個人也能執行和企業同等級的開發工作或舉辦活動。

透過持有和運用土地推動元宇宙

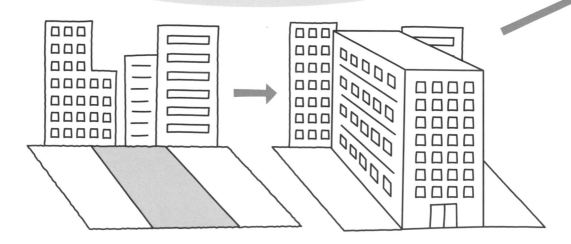

基本上要擁有土地，並
依照目的企劃建築物或空間

以 Cryptovoxels 創造的元宇宙為例，使用者可以自由開發自己的土地，並在該土地裝飾 NFT 藝術或項目。當然，多位使用者也能一起舉辦展示活動。在展示空間內收集未拜訪該空間，就無法欣賞的 NFT 藝術，享受和造訪現實世界的美術館一樣的體驗價值。虛擬空間的開發不一定要由一個人獨自完成，可以委託擅長建築物或設計的使用者，或購買已經設計好的建築物。另外，這些項目都會當作 NFT 流通，所以虛擬空間的經濟活動可以持續發展。

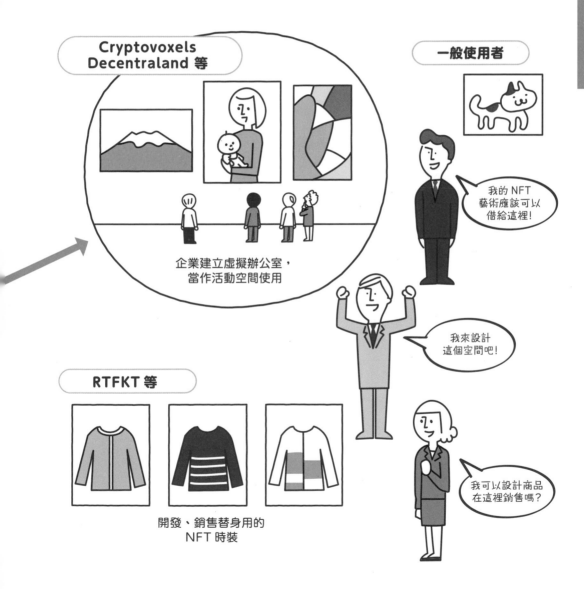

04 案例 1 NFT × 元宇宙④ ——NFT 收藏品

NFT 收藏品以相同格式繪製，卻沒有相同圖案。擁有這種 NFT 可以獲得各種獎勵，還能活絡社群，提高 NFT 本身的資產價值。

NFT 收藏品，是指交易卡等以收集為主要目的的 NFT 總稱。典型的例子是，以相同格式繪製，但是有數千、數萬不同圖案的作品。每一個都能當作 NFT 出售，購買者可以當成自我介紹的圖像或圖示，也能買賣。知名的例子包括 CryptoPunksHashmasks、Bored Ape、Yacht Club 等作品。

NFT 收藏品可以衍生出團體歸屬感

何謂 NFT 收藏品？

以相同格式，準備一萬種不同圖案，可以購買給自己專用

NFT 收藏品不僅可以當成一般圖示使用，也能成為一種會員資格，例如舉辦只有 NFT 收藏品的購買者才能參加的活動。即使沒有明確定義，卻也有人將其視為支持 NFT 或 web3 等領域的連帶證明。此外，以特定方式，如偶像或運動向粉絲發行 NFT 的案例也愈來愈多。在這種情況下，持有 NFT 能獲得具體獎勵。

前面說明過，NFT 收藏品可以加強持有相同格式 NFT 者的團結心與歸屬感，透過活躍的社群活動，產生提高該社群及 NFT 資產價值的效果。

特色

① 只有該 NFT 的持有者
才能加入的會員制網站

會員專用網站

② 使用者將自己持有的 NFT 作品變成圖示，顯示關聯性

我以外的人
不可以使用

③ 銷售前，
企業會提供藍圖

會執行
這樣的事情

企業

大家一起做
這件事吧！

① 團體的歸屬感
② 擁有共通目標，團體能團結一致
③ 提升社群的主導力

05 案例 2 NFT × 運動①
—— 向全球粉絲群提供新價值

NFT 浪潮也席捲了提供各種周邊商品，取悅粉絲的職業體壇。體壇是如何運用 NFT 呢？

傳統職業球隊提供給粉絲的周邊商品包括球員的**交易卡**、收錄比賽內容的影像軟體及書籍、球員穿著的制服複製品及球鞋。粉絲會購買這些商品，偶爾穿在身上，在球場的座位上或電視機前大聲為球員加油。其中，也有少量生產，很難取得的稀有商品，這些商品會以高價進行交易或完全不在市場上流通，由專門的收藏家保管。一張包含球員所穿制服碎片的交易卡，價值可達數百萬日圓。

運用了 NFT 的新型粉絲服務

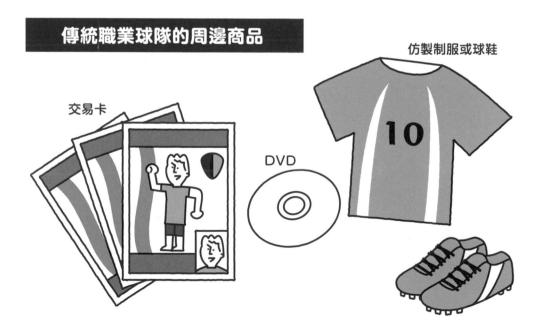

傳統職業球隊的周邊商品

交易卡

DVD

仿製制服或球鞋

10

這種以**粉絲群**為主的項目現在也導入 NFT，其中一個知名的例子是把 Lionel Messi 的照片轉換成可以收集的 NFT「Messiverse」。限量一個的 NFT 售價為 5 萬美元，限量 75 個的 NFT 為一萬美元。未來可能陸續出現像拼圖一樣，把一項藝術品分割銷售，多位持有者的 NFT 合成一個藝術品的商品。NFT 交易卡的另一個特點是，可以收集每位球員的 NFT 交易卡，組成球隊牌組，與其他使用者對戰獲得勝利，藉此提高球隊牌組的資產價值。

轉換成 NFT 的商品案例

把知名球員的照片轉換成 NFT，分割銷售所有權

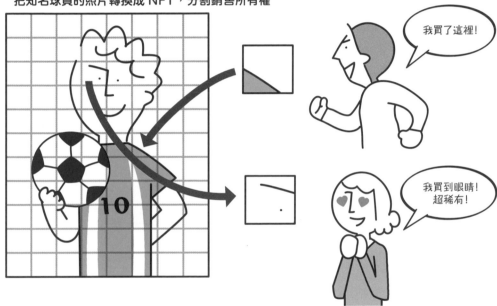

我買了這裡!

我買到眼睛!
超稀有!

發行球員的 NFT 卡

組合收集到的卡片，
建立球隊牌組，
提升排名，
卡片的價格
也會上升

06 案例 2 NFT × 運動②
——Chiliz

各大交易卡製造商仍以傳統開發卡片的方式使用 NFT，但是 Chiliz 卻開發出領先一步，橫跨虛實空間的粉絲代幣運用方法，因而受到各界矚目。

各大交易卡製造商提供各種職業球隊的 NFT 項目來取悅粉絲，不過也有品牌利用獨家策略獲得粉絲群，那就是 Chiliz。除了知名的足球隊之外，Chiliz 也與綜合格鬥團體或適合 NFT 的 e 運動團隊簽訂合約，發行粉絲代幣。

Chiliz 採取的系統創新部分是，讓擁有粉絲代幣的人可以參加球隊舉辦的官方投票活動。投票使用區塊鏈技術，以開放形式顯示粉絲的意見，並回饋給球隊。

粉絲能以各種形式參加球隊活動

傳統的粉絲參與系統

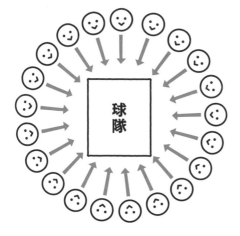

把市場調查的粉絲意見
統一傳送給球隊

**運用 NFT 的粉絲
參與系統**

所有使用者可以相互交換意見，
能執行透明度較高的討論

過去 Facebook 或 Twitter 的投票系統，是由球隊或管理團隊計算選票，判讀趨勢及結果。可是未來連投票者也可以即時觀察結果，你能看到自己的意見反應在部分團隊經營的過程。

這是為了跨越虛實空間，支持喜愛球隊而建構的系統，包括提供粉絲與球員交流活動的參加權，或優先取得官方新周商品的權利等優惠。

07 案例 3 NFT × 交易卡①
—— 因 NFT 產生的優點

你不用擔心 NFT 交易卡劣化,只要維持記錄 NFT 的區塊鏈以及能儲存、瀏覽卡片影像等資料的機制,就可以享受永遠不變的價值。

運動交易卡包括大量印刷容易取得的普卡,以及有印刷張數限制的稀有卡,還有經過特殊加工的超級稀有卡等,每種卡片的價值有著天壤之別。此外,知名球員在無名小卒時的卡片,即使當時大量印刷,卻可能因為留下來的數量較少,使得價格上升。這種紙製卡片最大的問題是保存性。尤其忠實粉絲為了避免卡片受損,會一張一張收藏在稱作卡套的塑膠製小袋子裡,放在專用的相簿內,小心翼

NFT 交易卡有很多優點

傳統的紙製交易卡

小心翼翼地使用

為了避免劣化或受損,必須放入卡套,收藏在相簿內仔細保管

其他
● 可能遺失或失竊
● 因火災或水災而消失
● 偽卡充斥

翼地使用。此外，還有失竊、遺失、火災、水災等風險，甚至偽卡充斥，使得真假性受到質疑的情況也不在少數。

如果是 NFT 卡，每一張卡片的履歷都會記錄在區塊鏈上，能輕易證明這是真品或自己是所有者。當然，因為是資料，只要維持記錄或使用的機制，就不用擔心會像過去的交易卡一樣，有劣化或遺失的問題。若是球員本人曾經持有的交易卡，可能會產生超過紙製簽名卡片的**附加價值**或**權利金**。現階段與紙製卡片相比，NFT 交易卡有初期價格較高的問題，但是它也有可以彌補這個部分的優點。

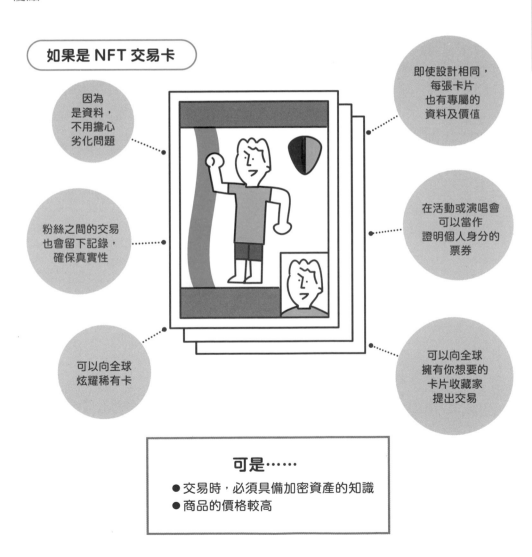

如果是 NFT 交易卡

因為是資料，不用擔心劣化問題

即使設計相同，每張卡片也有專屬的資料及價值

粉絲之間的交易也會留下記錄，確保真實性

在活動或演唱會可以當作證明個人身分的票券

可以向全球炫耀稀有卡

可以向全球擁有你想要的卡片收藏家提出交易

可是……
- 交易時，必須具備加密資產的知識
- 商品的價格較高

08 案例 3 NFT × 交易卡②
── 傳統製造商的加入及新製造商的創新服務

NFT 交易卡擁有紙製卡片沒有的功能,各製造商也不斷開發各種特殊商品。例如球員的成績可以隨時反應在卡片上,或當作卡牌遊戲使用。

高收藏性的商品得以持續發展的分水嶺,在於有多少粉絲認同其價值,該價值是否能延續。就這一點來說,交易卡的業界大老 **The Topps Company** 也加入戰局,可說是極為重大的事件。該公司在交易卡界有著關鍵地位,所以交易卡粉絲相信 NFT 交易卡會持續擴大發展。

持續發展的 NFT 交易卡界

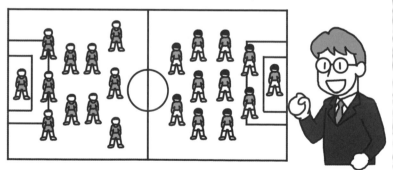

現實世界的球員成績會反映在交易卡上,
你可以使用自己持有的 NFT 交易卡組成的球隊牌組,
與其他使用者對戰

除了傳統製造商加入，新製造商的創新服務也值得關注。**Sorare** 銷售的足球員 NFT 卡不只可以收藏，卡片內還加入了每季的比賽成績，持有者組合這些卡片，建立球隊牌組，就能與其他粉絲的牌組對戰，享受遊戲樂趣。

日本把 SKE48 的現場表演變成交易卡，可以在 Crypto Spells 的卡牌戰鬥中使用。BABYMETAL 推出了 1,000 份實體唱片及 10 張 NFT 卡的限量組合，這種現實世界與虛擬空間結合的商品正受到各界矚目。

交易卡界的老牌企業
The Topps Company 加入 NFT，
使得業界立即變活絡

限量 1,000 份

銷售實體唱片與
NFT 卡的組合

SKE48 的現場演唱影像轉換成 NFT 卡，
可以在 Crypto Spells 內
進行卡牌對戰

09 案例 4 NFT × 時裝 ①
——NFT 解決時裝界的問題

時裝界以生產過程會對環境負荷造成嚴重影響而聞名。可是在虛擬空間發展的時裝世界可以在不影響環境的情況下，發掘新人才，是新時代的先驅。

雖然平常我們很少意識到，但是實際上時裝界被定位成會對環境負荷造成極大影響的產業。時裝產業的碳排放量占所有產業的 10%。排出的廢水量高達所有產業的 20%。我們在大聲疾呼改善環保問題的同時，必須解決這個重要的課題。

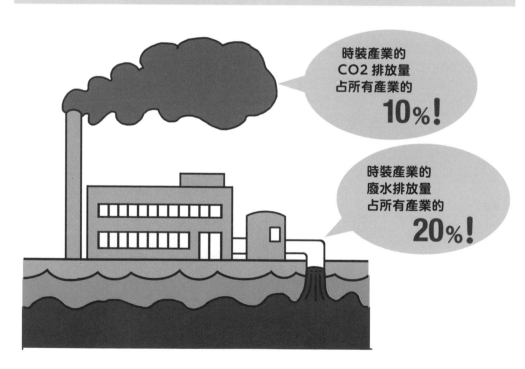

成為時裝新天地的 NFT 世界

時裝產業的 CO2 排放量占所有產業的 **10%!**

時裝產業的廢水排放量占所有產業的 **20%!**

因此虛擬空間的時裝產業深受矚目。我們在現實世界裡離不開衣服，但是將經濟活動的比重轉移到虛擬空間，使消費者對虛擬空間的時裝更感興趣，就可以減緩現實世界的時裝產業經濟活動，減少二氧化碳及工業廢水的排放量。

因為是虛擬空間，能呈現的設計也非常多元，使得引領時裝界的歐洲企業及新興服飾品牌十分重視。此外，在新設計加入 NFT 可以提高**稀少性**，擴大運用範圍。只要完成設計，就能立即當作時裝商品流通，盡量避免造成環境負擔，進而衍生出業餘設計師能輕易發表作品的機會，這些新秀或許可以創造出革命性的時裝。

在 NFT 的時裝設計

沒有物理性的生產，
不會造成環境負擔，
也不需要擔心庫存。
還可有一個特色
就是能發揮
NFT 的稀少性

10 案例 4 NFT × 時裝②
—— 與藝術結合

全球性時裝品牌也增加了把 NFT 納入公司活動的機會,將發行 NFT 藝術當作行銷活動的一環,藉此開發傳統使用者之外的客群。

全球性時裝品牌 Gucci 在 2021 年製作一支傳達公司**世界觀**的影片。一扇大門開啟後,出現了身穿禮服的女性,一匹白馬奔馳而來,藉此呈現全新訴求,讚美生命的誕生,以光明和希望取代黑暗。

這段影片發布在老字號 Christie's 拍賣會的網站上,並轉換成 NFT,以二萬五千美元售出。Gucci 表示會將這筆收入捐贈給聯合國兒童基金會的新冠肺炎因應團隊,可說是結合 NFT,解決現實世界問題的一個例子。

時裝品牌展現出 NFT 藝術的可能性

Gucci

2021年Gucci
在「Christie's」拍賣會
發表傳達品牌價值觀的
影片,該影片的NFT以
拍賣方式售出。

174

此外，Louis Vuitton 也進行了結合 NFT 的特殊嘗試，該品牌同樣在 2021 年推出慶祝創辦人 200 歲誕辰的手機遊戲《LOUIS THE GAME》。套用了品牌配色的主角在虛擬世界到處旅行，收集散落在各地的蠟燭。如果在旅行途中取得了「金色明信片」，就可以獲得 LV 公司發行 NFT 藝術的抽籤機會。全部的 NFT 藝術共有三十種，有十件是出自世界知名數位藝術家 Beeple 之手，該作品的資產價值極為可觀。我們的生活中已經出現這種運用了 NFT 技術的經濟活動。

推出在虛擬世界旅行，藉此收集各地蠟燭的手機遊戲。在旅途中，若取得「金色明信片」，就可以參加 LV 發行的 NFT 藝術抽獎活動

案例 4 NFT × 時裝③ —— 元宇宙的應用

 在初期階段,時裝的運用範圍持續擴大,例如用外部取得的 NFT 時裝取代相同替身的服務,以及把你的臉孔與 NFT 時裝合成的服務。

初期在元宇宙中活動的替身往往都很相似,沒有個性。當你想表現出與其他使用者不同的風格時,最簡單且有效的方法,就是改變時裝,而且有非常多選項可以選擇。

「Decentraland」使用了以太坊的分散型元宇宙,是這個領域的先驅。使用者在 NFT 交易平台購買支援 Decentraland 的 NFT 時裝,登入 Decentraland,選擇購買的 NFT 時裝,就能幫自己的替身換裝。

NFT 可以打造個人專屬的時裝

Decentraland

NFT 交易平台

時裝品牌

購買 NFT 時裝或替身

在支援的元宇宙內使用

只要取得 Decentraland 的核可,也可以在外部設計替身用的服飾,轉換成 NFT

這樣可以呈現與元宇宙預設時裝不同的設計。倘若獲得 Decentraland 的核可，你也能設計 NFT 時裝，在交易市場上銷售，擴大經濟活動的範圍。同樣地，也有設計替身再銷售的服務，可以說有無限的可能性。

此外，市場上也出現當你購買只存在於 NFT 上的時裝，並把自己的臉部照片傳給發行公司，就能獲得自己穿上該服飾的影像，其中曾有過一件 NFT 時裝賣出 9,500 美元的案例。

讓你以數位方式穿上 NFT 時裝的服務

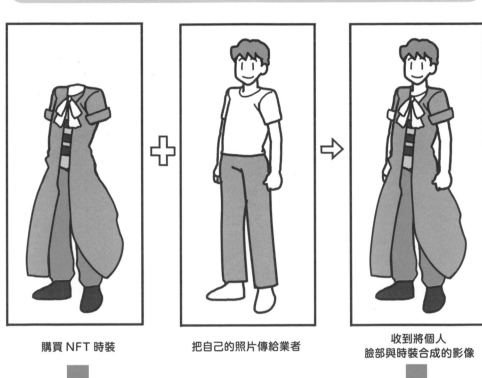

購買 NFT 時裝　　把自己的照片傳給業者　　收到將個人
臉部與時裝合成的影像

在拍賣市場出現以
$9,500 售出的
高價 NFT 時裝！

可以在
網路上公開，
能使用自己的圖示

12 案例 4 NFT × 時裝④
——與現實世界合作

NFT 是在虛擬空間處理的數位資料,時裝界正在嘗試顛覆這種概念。
現在開始出現可以把 NFT 時裝實際穿在身上的品牌。

Dolce & Gabbana 在 2021 年發表的「Collezione Genesi」引起極大的迴響。
在以 NFT 發行的九件作品中,四件頭飾等珠寶飾品只發行 NFT,而五件服裝是
NFT 時裝及一件相同設計、可實際穿著的禮服。以虛擬空間為前提的前衛設計
過程讓人感到非常興奮,最重要的是這九件作品的拍賣總價約六億日圓,因而受
到關注。

以虛擬空間為前提的前衛時裝

Dolce & Gabbana

NFT 時裝

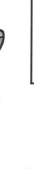

一件禮服

頭飾等只有 NFT

**五件時裝及四件珠寶的
拍賣價格為六億日圓!**

RTFKT 推出的球鞋 NFT 更貼近我們的生活，他們與 NFT 藝術家 FEWOCiOUS 合作，在 NFT 銷售不同設計的球鞋。當你擁有這款球鞋六週以後，向 RTFKT 專屬網站提出申請，就能獲得相同設計的球鞋。一個 NFT 只會提供一次獲得球鞋的機會，之後可以轉賣 NFT。光是 NFT 在市場上流通的價格就高達 30 萬日圓，受歡迎的程度可見一斑。

就連日本知名的時裝設計師也表達了投入 NFT 的意願，今後應該會更常看到這種情況。

NFT 也掀起球鞋熱潮！

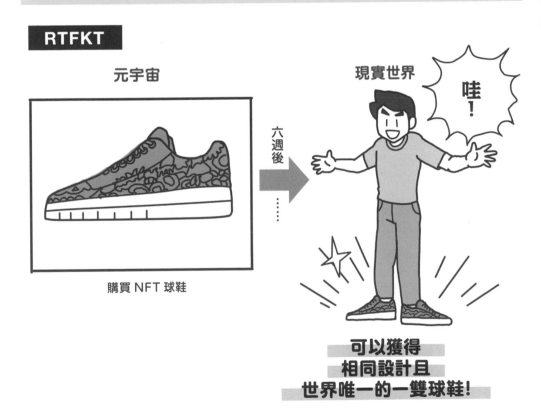

RTFKT

元宇宙　　　　　　　現實世界

哇！

六週後 ……→

購買 NFT 球鞋

可以獲得
相同設計且
世界唯一的一雙球鞋！

13 案例 5 NFT × 音樂①
──超越訂閱

傳統音樂是透過購買黑膠唱片或 CD 來享受聆聽音樂的樂趣。現在以訂閱方式聆聽音樂的服務快速成長，已經成為主流。下個階段受到矚目的會是 NFT 音樂。

自 2020 年開始，新冠病毒肆虐，大大改變了我們的生活。受到三級警戒、停辦大型活動等影響，居家娛樂的比重大幅提高。音樂界從很久之前就開始大聲疾呼 CD 的銷售量低迷，但是 Amazon Music 及 Apple Music 等透過訂閱方式傳送音樂的服務卻正好相反，銷售數字節節高升。這是利用通訊環境，取得網際網路上的音樂資料，享受音樂的服務，不是支付相對價格，購買各種音樂內容再播放。此種服務最大的優點是，想聆聽音樂時，立刻就可以下載，與購買 CD 不

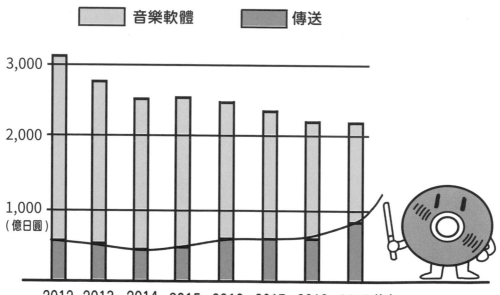

從 CD 到訂閱，再到 NFT 時代

同。一般而言，每月的月費只要數百元，價格低廉。可是，訂閱音樂只在特定環境下，取得播放權利；和擁有黑膠唱片或 CD 等音樂軟體不同，即便擁有使用權，卻不是自己可以任意使用的財產。

如今音樂界再次開始摸索使用者擁有音樂型態的服務，也就是運用轉換成 NFT 的音樂資料。一般而言，CD 音源的版權和母帶製作權屬於唱片公司或製作者，但是 NFT 音樂將改變這種結構。因為 NFT 可以當作世上唯一附有無法偽造證書的音樂，衍生出新的價值。

每個人都可以輕易透過網路
聆聽音樂的生活方式持續擴大，
其中 NFT 蘊藏著新的可能性

14 案例 5 NFT × 音樂②
——音樂界的 NFT

知名藝術家們創作的特殊 NFT 有時會賣出連本人都訝異的驚人價格。
無論哪種音樂類型，充滿專屬感的 NFT 音樂已經牢牢抓住了粉絲的心。

對新技術很敏銳的藝術家們也開始注意到 NFT。舞曲界名人 3lau 為了紀念自己的專輯《Ultraviolet》推出三週年，共上架拍賣 33 件 NFT，包括客製化歌曲、聆聽未發表歌曲，受其音樂啟發的客製化藝術品、專輯內 11 首歌的新版本等。最後得標價格總計高達 1,170 萬美元，連創作者 3lau 本人都很驚訝。

在活動中加入 NFT 的藝術家

沒想到可以拍賣出這麼高的價格

3lau

- 客製化歌曲
- 聆聽還未發表的歌曲
- 客製化藝術品
- 新專輯 11 首歌曲的新版本等，共計 33 件，並附上實體唱片

➡ 一件最高拍賣價格竟然高達
360 萬美元！
合計 1,170 萬美元！

在日本，以電子舞曲聞名的 Perfume 開始投入 NFT。他們把過去透過網路發布的影片製作成 CD，並轉換成 NFT 藝術作品《Imaginary Museum "Time Warp"》，在交易平台**拍賣出售**。總共發布 8 次（8 部）NFT，第一個 NFT 竟然以 325 萬日圓的價格售出。

利用這種方式結合最新技術的音樂不只舞曲或電子流行樂。演奏管弦樂的達拉斯交響樂團與紐約大都會歌劇院管弦樂團合作，把音樂及影片轉換成三種 NFT 出售，最便宜的 NFT 只要 100 美元，而包含音樂會影片、與藝術家共進晚餐、飯店住宿的音樂會 VIP 禮遇等的 NFT，售價高達 5 萬美元。

Perfume

- 把透過網路傳送的影像當作素材，加工成數位作品後轉換成 NFT 進行拍賣

➡ **以 325 萬日圓售出！**

達拉斯交響樂團

- 演奏會限定影片、音樂等
  100 美元 ×25
- 採訪影片、特別音樂會門票等
  1,000 美元 ×25
- 除了音樂會影片之外，還能與藝術家共進晚餐及享受音樂會 VIP 禮遇，價格為
  5 萬美元！

15 案例 5 NFT × 音樂③
—— 具代表性的國外音樂 NFT 服務

哪裡可以購買 NFT 音樂？應該有很多人有這種疑問吧？以下將介紹大家還不熟悉，可以購買 NFT 音樂的網站，以及之後預定開始服務的交易平台。

由於 NFT 使用了前所未有的新技術，所以尚未普及到隨處都能輕易購買的程度。這一頁將介紹幾個處理 NFT，或已經宣布未來將執行 NFT 計畫的團體。

首先是已經運作中的 The NFT Records。這是世界第一個專門以音樂為主的 NFT 交易平台，除了 **含序號的 NFT** 之外，還推出組合各種歌曲、照片、MV 等

致力於 NFT 的內容發布業者

The NFT Records

● 根據藝術家的想法，銷售組合專輯、單曲、照片、影片等商品的 NFT

符合不同想法的 NFT。提供支援多國語言，支援多種貨幣支付的全球規格，朝著全球市場發展。

接著要介紹騰訊音樂娛樂集團（TME ／ Tencent Music Entertainment Group）。官方宣布在 2021 年推出 TME 數位典藏，現在已於集團內的 QQ 音樂實施內部測試。一旦向一般民眾公開之後，將成為第一個來自中國的音樂 NFT 平台。

除此之外，JASRAC 開始執行使用區塊鏈管理音樂作品的實證實驗，而且音樂製作人 Quincy Jones 建立的音樂專業交易平台 one of 也發表了多項 NFT 商品。

● 2021 年宣布推出以區塊鏈技術為基礎的 NFT 數位典藏

● 現在測試中，向一般民眾公開之後，將成為中國第一個 NFT 平台

● 開始執行用區塊鏈管理音樂作品的實證實驗，並預計徵求相關企業參與

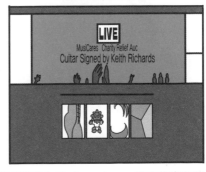

● 知名製作人 Quincy Jones 建立的交易平台

● 特色是重視環保問題

16 案例 5 NFT × 音樂④
── 音樂界與 NFT 的未來

音樂界與 NFT 非常契合，對藝術家、粉絲、唱片公司、甚至是音樂活動的主辦者都可以帶來各種好處。以下將介紹具有代表性的部分。

NFT 的普及可能在音樂界引起巨大的典範轉移。

首先藝術家可以直接將成為作品的 NFT 音源傳送給粉絲。不用透過唱片公司也能發表作品，而且作品內容及結構不會被唱片公司左右，可以增加**表現自由**度。還有一個優點是，完成歌曲後立刻就能發布。

NFT 會為不同立場的人帶來利益

藝術家與粉絲的商機

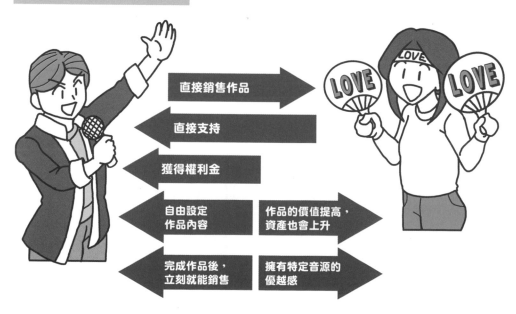

直接銷售作品

直接支持

獲得權利金

自由設定
作品內容

作品的價值提高，
資產也會上升

完成作品後，
立刻就能銷售

擁有特定音源的
優越感

另一方面，粉絲不僅可以直接支持藝術家，還會產生透過 NFT 擁有特定音源的優越感，倘若作品受到歡迎，NFT 音源的資產價值也會上漲。

對唱片公司也會帶來很多好處，例如重新運用舊譜資產，降低**小量商品開發**的風險，或開發組合 CD、DVD／藍光光碟的商品。

另外，音樂活動的主辦者也可能因此創造出新的收入。把門票轉換成 NFT，不僅容易管理進場觀眾，也可以提供優惠，還能防止轉賣或偽造門票。同時也可以找到開發新商品的立足點，例如把活動照片轉換成 NFT。

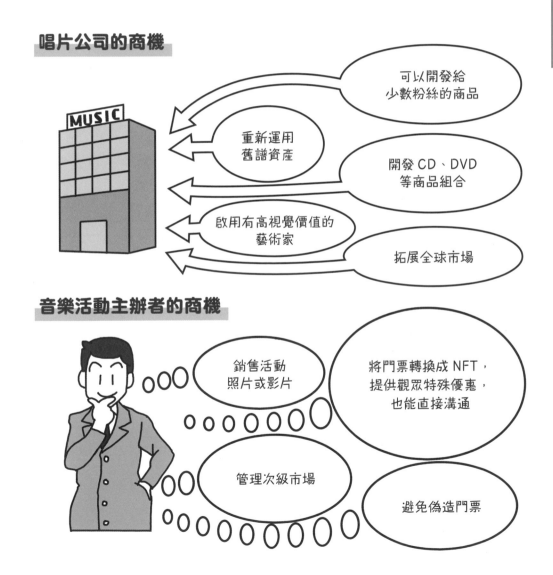

唱片公司的商機

- 可以開發給少數粉絲的商品
- 重新運用舊譜資產
- 開發 CD、DVD 等商品組合
- 啟用有高視覺價值的藝術家
- 拓展全球市場

音樂活動主辦者的商機

- 銷售活動照片或影片
- 將門票轉換成 NFT，提供觀眾特殊優惠，也能直接溝通
- 管理次級市場
- 避免偽造門票

17 案例 6 NFT × 遊戲 ①
—— NFT 遊戲與傳統遊戲的差別

傳統卡牌遊戲在初期需要較高的費用才能玩得盡興。可是 NFT 卡牌遊戲在初期階段的負擔較小，卡片交易的透明性也較高。

傳統卡牌遊戲必須先購買擴充包（Booster Pack），建立最低限度的牌組，接著購買額外的補充包，收集稀有卡，增強牌組，不保證可以取得稀有卡，全憑個人運氣。若想擁有一定等級以上的戰力，需要有相對應的財力。

因此，傳統卡牌的缺點是零用錢有限的孩子無法輕易參與。稀有卡本身雖然會衍生價值，能以高價交易，卻也會因為物理性劣化或摺痕等損傷，使價值產生變化。

以傳統卡牌遊戲保證資產價值

哇！
這是全球限量十張的
超稀有卡！

那是現在溢價交易的卡牌！

可是為了拿到這張卡，究竟花了多少錢……？

實體卡牌遊戲的情況

可是 **NFT 卡牌遊戲**在相當於擴充包的初期階段，通常會和遊戲應用程式一起免費提供卡牌，在玩遊戲的過程中，也能獲得點數，並增加卡牌的張數。透過與其他玩家交易強大的 NFT 卡或稀有的 NFT 卡，甚至在交易平台購買，都可以增強自己的實力。

與憑運氣購買補充包的狀況相比，NFT 卡能以自己認為合理的價格購買想要的卡牌，結構比較完善。當然也不用擔心偽卡流竄，所以有些人認為 NFT 卡的資產價值較高。

案例 6 NFT × 遊戲②
── 使用者玩遊戲的獎勵

NFT 遊戲最大的特色是，遊戲交給使用者管理，藉由使用者活絡遊戲世界，遊戲價值就會上升，可以靠自己增加擁有的 NFT 資產。

NFT 遊戲的特色之一，就是與預設腳本型的 PRG 不同，使用者可以依照自己喜歡的玩法享受遊戲世界。

例如，大家熟知的《**My Crypto Heroes**》共有四種角色，包括培養角色或團隊，透過打鬥獲得獎勵的「武士」、把在迷宮取得的項目拿到市場出售獲利的「農民」、設計角色像素圖再出售，以獲得收入的「職人（工）」、在市場上購買

「My Crypto Heroes」可以自由選擇玩法

武士
培育角色或團隊，
透過打鬥獲得獎勵

職人（工）
設計角色像素圖，
出售後獲得收入

我要選擇
哪種玩法呢

農民
在市場上出售於迷宮
取得的項目來提升收入

商人
在市場購買角色或項目的 NFT，
再賣給玩家獲利

角色或項目，並與玩家交易，藉此賺錢的「商人」。這些都是透過把角色及項目轉換成 NFT，才可以共存。

將傳統卡牌遊戲轉換成 NFT 遊戲的《**Crypto Spells**》也發揮了 NFT 的特色。遊戲內使用的卡牌根據稀有程度，依序分成 Limited Legend、Legend、Gold、Silver、Bronze 等級，高於 Silver 與 Bronze 等級的卡片可以交易。此外，把公會（線上遊戲內設立的組織）的所有權也轉換成 NFT，當公會會長讓公會變得活絡時，就能提高公會的 NFT 資產價值。

NFT 卡交易熱絡的「Crypto Spells」

Limited Legend 卡
這是只發行 9 張的超稀有卡，可以透過 NFT 在遊戲內外交易

Legend 卡
可以透過 NFT 在遊戲內外交易

Gold 卡
可以透過 NFT 在遊戲內外交易

Silver 卡
不能在遊戲內外交易

Bronze 卡
不能在遊戲內外交易

因為有 NFT 卡而擴大了玩遊戲的目的

19 案例 6 NFT × 遊戲③ —— 元宇宙 × 遊戲 (The Sandbox)

The Sandbox 的元宇宙是將營運權完全交給使用者，要進行何種消費或生產活動都沒有限制。使用者本身的行為會影響遊戲體驗的品質及 NFT 的價值。

The Sandbox 是結合 NFT 遊戲與元宇宙的典型案例，最大的特色是，營運委由使用者負責。構成虛擬世界的基本程式雖然是 The Sandbox 提供，他們卻完全不會干涉玩家採取的行為。遊戲內產生的資產權利完全交給使用者，這些項目或資產可以帶到遊戲外的 NFT 交易平台交易或轉成現金。屬於中央管理型系統遊戲的《動物森友會》就無法做到這一點。

The Sandbos 把遊戲世界的經營交給玩家管理

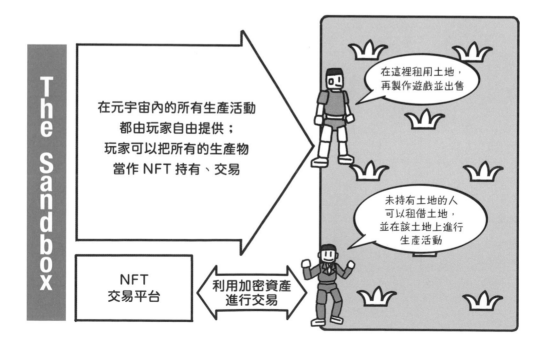

使用者先在遊戲世界購買土地再進行開發。製作有價項目獲得收入，如遊戲、立體透視圖等，再建造建築物出租或舉辦活動收取入場費等，進行和現實世界一樣的**經濟活動**，最終的目的是一邊產生收入，一邊在虛擬空間享受生活。

在初期階段，需要現實世界的資本作為購買土地的價金。經費不足的使用者也可以向遊戲內的土地所有者租借土地，並在該場地從事活動。在 3D 空間中，替身可以實際在該空間內走動，或搭乘交通工具移動，也可以進入其他使用者擁有的土地或街道，隨著使用者採取的行動，街道會變得熱鬧，也可能因為使用者離去而變得冷清。

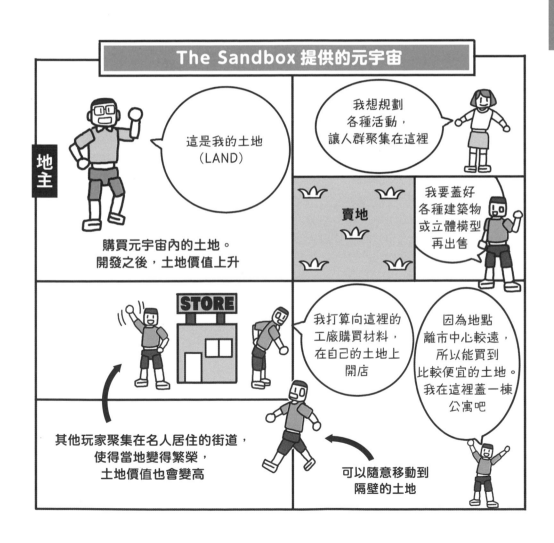

重要的 NFT 商業用語⑤

1. 電子商務網站（P159）

這是提供網路上買賣商品或服務的網站名稱。分成商城型與公司網站型。商城型包括在 Amazon、樂天市場、Yahoo! 購物等網站（商城）開店的類型。你可以使用以模組提供的系統，結帳也是由商場代為處理，開店者不需要親自架設電子商務網站。公司網站型是開店者自行建立電子商務網站的類型，自由度高，卻得自行負責結帳機制及確保安全性（不過，現在有許多支援建構、營運公司網站的工具及服務）。電子商務的市場規模近年持續增加，2018 年消費者電商交易為 18 兆日圓，比前年增加了 8.98%，同年企業間的電商交易是 344.2 兆日圓，比前年增加了 8.1%。一般認為，未來也會持續增加。

2. 交易卡（P164）

這是以收集或交換為目的的卡牌（Card）。交易卡（Trading Card）大致可以分成兩種，「收集卡牌，建立牌組（整合了卡牌的部分），進行對戰遊戲」以及「本身的圖案就有價值的類型」。前者必須組成牌組，否則無法進行遊戲。事先準備好的牌組會與卡牌分開銷售。後者有偶像的照片或動漫人物的卡牌，這類卡牌的特色是可以交換，所以英文又稱作（Collectible Card）。

3. 粉絲群（P165）

這是指重視對企業或品牌價值產生共鳴而給予支持的支持者（粉絲），以粉絲為基礎，思考提升中長期營業額及價值的方式。粉絲是支持企業或品牌的根本元素之一。粉絲增加代表企業及品牌持續發展，因此如何獲得公司或品牌的粉絲，成為重要的企業經營策略，但是現在很難獲得新的顧客層。因此，粉絲群對企業或品牌而言非常重要。想要累積粉絲群，加強共鳴、黏著度、信賴感非常重要，強化這三點，可以讓粉絲變成鐵粉，也能提高獲得新粉絲的機會。

4. 牌組（P165）

這是從「包含卡牌」、「整合卡牌」等概念轉換而來，代表要在遊戲內使用的一組卡牌組合。此名詞源自於英文單字「Deck」。玩卡牌遊戲時，玩家挑選一組符合規定數量的卡牌，稱作「建構牌組」。雖然每種遊戲未必一樣，但是玩家在玩遊戲時，會根據每張卡牌的作用及力量進行組合，藉此在遊戲對戰中贏得勝利。「建構牌組」也稱作「組合牌組」、「構築牌組」。

5. 粉絲代幣 (P166)

這是用來讓粉絲與品牌之間建立密切關係的代幣。現在粉絲代幣主要盛行於體壇，舉例來說，擁有某個球隊的粉絲代幣，就可以參加球迷投票企劃，或獲得抽獎券。目前流通的粉絲代幣，除了給予粉絲優惠，還可以利用它的流通性，當作加密資產。粉絲代幣的價格大部分與優惠內容、球隊成績、受歡迎程度有關，因此以投資為目的而購買粉絲代幣的情況也逐漸增加，不限於球隊粉絲購買。

6. 替身 (P176)

這是指在線上遊戲或虛擬空間中，當作使用者分身出現的角色或圖示。替身（Avatar）這個字的意思是化身、分身、頭像、具體化。替身不限於模擬使用者實際的姿勢，也常變形成漫畫風格的圖案角色。替身的特色是除了可以選擇動物、機器人、出現在特定漫畫或動漫的人物之外，通常連髮型、服裝、裝飾品也可以客製。使用者可以操控自己選擇的替身，在虛擬空間與其他替身溝通，還能享受購物的樂趣。有時替身透過虛擬空間的商業交易賺到的收入，也可以轉換成現實世界裡的現金。

7. 序號 (P184)

這是指分配特定號碼給數量有限的物品，又稱作版本。可以逐一編號，當作管理藝術家限量製作物數量的一種方法，如藝術作品。畫作大部份是在空白處寫上 84／100 等數字，分子為序號，分母代表限量的數量。藝術家一張一張仔細檢查同一版印刷完成的作品，如果發現不滿意的成品就會排除，最後只有滿意的作品才會成為限量數量，所以可能不會顯示確切的順序。此外，電腦軟體產品等大量生產、拷貝的工業製品，用來識別每一個裝置而分配的特殊編號也稱序號。

8. RPG (P190)

這是 Role-Playing Game 的縮寫，指在地圖（遊戲內的世界）上探索，解開故事或謎團的遊戲。玩家操作各自分配到的角色（玩家角色），與其他角色互相合作，通過遊戲給的考驗（冒險、難題、探索、戰鬥等）。這是一種透過經驗，享受角色升級及成長過程，達成目標的遊戲。據說此種遊戲最早源自 1974 年推出的棋盤遊戲《龍與地下城》。家用電視遊樂器的《勇者鬥惡龍》及《Final Fantasy》系列大受歡迎，使得知名度往上提升。

Chapter 6

十年後世界將大幅改變！
未來 NFT 商業應用預測圖

NFT 已經運用在各種領域。
但是 NFT 仍有可能大幅改變我們的日常生活。
這一章將介紹透過 NFT 可以創造的未來。

01 與 NFT 關係密切的「DApps」是什麼？

沒有中央管理者的區塊鏈，負責處理資料的是稱作 DApps 的程式。DApps 可以安全處理 NFT 的有用功能，也是今後愈來愈受到矚目的機制之一。

區塊鏈是 NFT 的根基。其中，沒有中央管理者就能自行運作的 Decentralized Applications（分散式應用程式）簡稱「DApps」。這是可以在沒有中央管理者的區塊鏈內，自動運作的程式；相對地，有中央管理者的應用程式稱作 Centralized Applications（中央管理式應用程式），簡稱「CApps」。

沒有中央管理者的 DApps

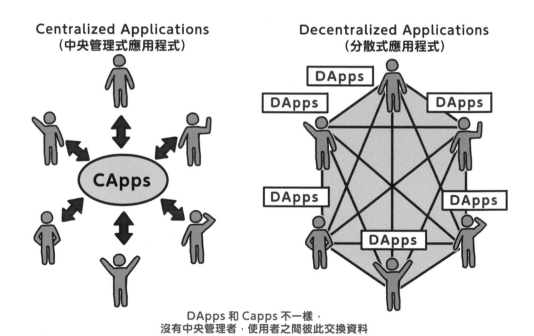

Centralized Applications
（中央管理式應用程式）

Decentralized Applications
（分散式應用程式）

CApps

DApps 和 Capps 不一樣，
沒有中央管理者，使用者之間彼此交換資料

DApps 的特色是開放原始碼，在區塊鏈上執行應用程式而不是在特定電腦上。例如，它具有把各種價值轉成代幣，並由使用者取得的功能。

仔細檢視 DApps，可以發現它包含跨前端、後端、區塊鏈等三個領域的功能。前端也就是使用者介面，在這裡處理使用者的請求，並顯示最後的結果。後端是實際處理使用者請求的程式群，視狀況與區塊鏈交換資料。區塊鏈將各項處理與使用者結合，成為保管資料的窗口，實際上資料並未全部儲存在區塊鏈上，而是分散儲存在現有資料庫或 IPFS 等當作 P2P 網路運作的儲存設備中。

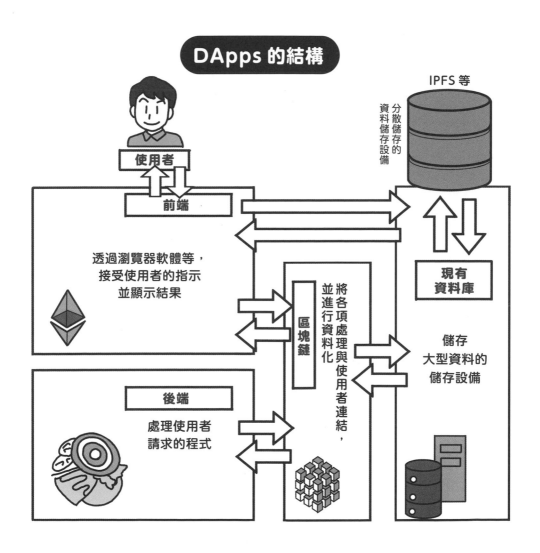

DApps 的結構

02 未來銀行的型態會改變？「DeFi」革命

傳統的金融機構周轉資金或融資是透過人工處理，所以會產生手續費，需要一段時間才能知道結論。在區塊鏈上運作的分散式金融「DeFi」可以解決這個問題。

「DeFi」是 Decentralized Finance 的縮寫，中文稱作分散式金融。

一直以來，提到金融就是銀行等金融機構成為管理者，審核交易主體或內容，收取手續費，同時執行、仲介交易。當然也有透過電腦來處理的部分，不過基本上都是經由人工判斷。這稱作 Centralized Finance，簡稱「CeFi」，中文翻譯為中央集權式金融。DeFi 與 CeFi 的關係類似上一頁介紹過的 DApps 與 CApps。

區塊鏈上可以自動週轉資金的 DeFi

向金融機構借錢

我想借錢……

你有證明身分的文件嗎？
有沒有擔保品？ 目的是？
還款計畫呢？
我們會收取手續費喔
……

必須與人溝通，
手續多又複雜

CeFi 要透過人工處理，經過各種過程再執行交易，所以事前的文件準備工作非常複雜，需要花一點時間才能執行。

可是 DeFi 沒有中央管理者，由區塊鏈上的程式自動判斷可否交易，如果沒有問題，就會快速執行交易。由於程式已經設計好執行交易的原則，不會任意更動審查，只要符合事先制定的基準，就能快速周轉資金、融資、投資等。一般認為這種方法有許多問題，比方說如何防範洗錢（Money Laundering）等。但是包括 NFT 領域在內，這種方法可能在未來成為一種新的金融交易形式。

透過 DeFi 借錢

由區塊鏈上的程式自動判斷可否交易，能快速執行交易

03 NFT 成為一種生活方式

現在的金融活動是以銀行等金融機構為主，可是一旦在 NFT 遊戲或元宇宙內的交易活絡之後，就能建立不透過任何一家銀行，讓經濟循環的環境。

你聽過**普惠金融**（Financial Inclusion）這個名詞嗎？這是給因種種因素無法使用金融機構的個人或法人一個機會，向所有人提供金融服務的概念。

一直以來，我們的資產基本上是由銀行等金融機構管理。可是，在 NFT 遊戲中，NFT 當作資產流通後，就開始具備和金融機構同等的功能。因此可以把過去銀行的部分資金管理功能，轉移到以區塊鏈為基礎的 NFT 上。

「傳統型遊戲」與「play to earn 型遊戲」

過去的網路遊戲

即使在遊戲內得到積分，提升經驗值，也不能變成資產，無法獲利

此外，在 NFT 遊戲培養角色、製作項目、獲得積分，取得 NFT 時，就會變成一種收入。相對於 Pay to play（付費玩）、Free to Play（基本免費玩）等一直以來的遊戲方式，有人認為這是一種 Play to earn（邊玩邊賺）型的服務。例如，菲律賓的熱門遊戲《**Axie Infinity**》，與怪獸對戰，可以在遊戲內取得 SLP 加密資產，轉換成比特幣等主流加密資產，所以有人靠 NFT 遊戲維生。如果可以把遊戲賺到的獎勵，或轉換成比特幣的加密資產，當作一種償還借款給信用卡公司的方式，不用透過管理現有存款的金融機構，就能完成經濟活動。

未來，NFT 有機會實現目前金融機構很難做到的普惠金融。

NFT 遊戲

角色的經驗值上升

製作、取得項目

藉由對戰
賺取在遊戲內的
加密資產

將遊戲內的
加密資產
轉換成比特幣

可以靠遊戲收入
維生

不透過金融機構
就能完成經濟活動的
環境，也可能成真！

玩家

BANK

04 5G 正式普及後會有何發展？

5G 線路並未對個人電話裝置帶來什麼明顯優勢。不過運用區塊鏈的資訊網使用各種服務時，就能發揮效果，對 NFT 的運用也能帶來極大的好處。

5G 網路被吹捧為夢幻技術，但是在現實生活中，你有感受到明顯的差異嗎？雖說透過 5G 可以在短短幾秒下載完一部電影的資料，可是一般很少會將如此龐大的資料下載到手機裝置，而且對特定伺服器造成負擔的下載速度高低，取決於伺服器的處理速度而不是電話線路。

究竟在何種情況下才能發揮5G的高速特性？答案是在電腦彼此密集通訊的環境。

NFT 改變共享經濟

掌握個人行動資料、氣象資料、交通機構的即時狀況變化等，並將其當作反映在公共服務的資訊基礎設施時，就能發揮 5G 瞬間傳送大量資料的威力。

加上 NFT 之後，可以衍生出經濟活動上的各種便利性。例如，使用共享汽車時，預約完畢後，會提供 NFT 傳送資料，就可以解除汽車的鎖定狀態，或透過飯店預約取得的 NFT 能當作大門的鑰匙，簡化過去需要透過人力完成的工作。從事特定技能的職人們，可以把這些技能轉換成 NFT，藉此獲得新的工作。5G 能成為支援這些資料流通的基礎建設，發揮強大的威力。

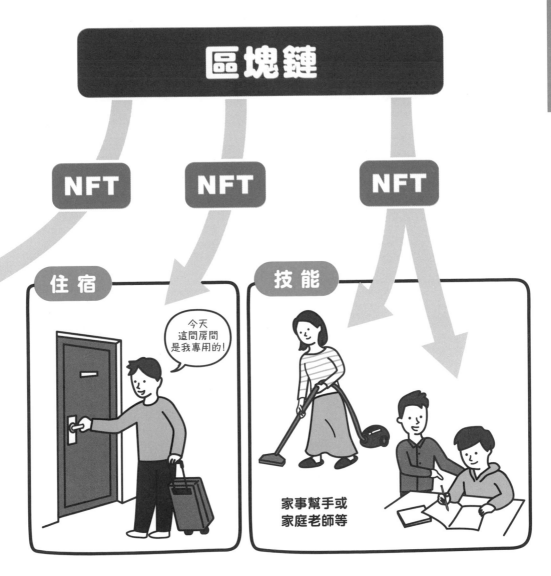

05 連結現實世界與虛擬世界的數位分身

如果可以在虛擬空間真實還原現實世界，就能輕易取得我們生活中有用的資料。現在這種方法已經實際運用在防災計畫等方面，預計未來將運用在更高精準度的**數位分身**上。

數位分身，是指把現實世界裡的東西轉換成資料，原封不動地在虛擬空間上重現。即使現階段的精準度不高，只要工業製品、建築物等物品一個一個內建感測器及通訊機器的時代來臨，就可以建立精準度更高的數位分身，即時反映行駛在路上的汽車位置與速度，或忠實呈現在街道上行走的行人位置。如果可以累積出整個都市的規模，就能進行各種驗證與實驗。在這種數位分身的世界裡，交通優化及避免事故等各種實驗，可以進行具有相當真實性與正確性的模擬。

在虛擬空間可以進行現實世界中的各種驗證

現實世界

建立數位分身

以上所舉的例子，仍停留在科幻電影的階段，不過目前已經付諸實行的有：在電腦輸入建築物的結構、屋齡、地基等實際測量的數據並重建，可以預測發生地震時的損害情況。此外，重建周圍建築物、交通號誌、電線位置、各個時段的道路狀況，也能用在施工期間，篩選大型車輛安全行駛的路線。未來隨著可以模擬的資料或情境增加，以各種方式運用在我們的生活時，我們就能感受到這種技術對生活上的幫助。另一方面，與個人資料、隱私保護取得平衡的必要性也會提高。

06 NFT 將改變未來的隱私權概念

運用 NFT 之後，讓許多事情變得更方便。可是，過度的資訊化可能會導致個人資料全部曝光，使得應謹慎處理的身分證號碼等重要個人訊息外洩。

高度資訊化的社會有好有壞。運用 NFT 的元宇宙或許提供了夢想的空間，但是你必須先了解其中潛在的危險。請試著思考在銀行 ATM 進行個人認證的情況。你是否覺得每次都要按密碼很麻煩？該如何建構出自動辨識站在 ATM 前的人物為帳戶本人的系統？其中一種可能的方法，就是給予每個人轉換成 NFT 的身分

把 NFT 轉移到住家、汽車、捷運、大樓的概念

把自己的身分證號碼轉換成 NFT，
變成可以隨時在目的地或
使用服務時出示的機制

身分證號碼的 **NFT**

NFT

證號碼。如果有個機制可以隨時把**身分證號碼 NFT** 出示給你要去的目的地或使用的服務，或許不用密碼或現金卡，就能提領現金。進入需要認證身分的設施時，也能順利通行，非常方便。

可是基本上，區塊鏈上的資料完全公開，而且記錄的資料也無法刪除，因此在區塊鏈記錄個人資料的想法已經被否決。現在提倡的概念是在區塊鏈上管理自己的 ID，只在需要時，進行個人認證的分散式 ID（DID，Decentralized ID）。這是一個能同時兼顧保護並運用個人資料的新概念，值得關注。

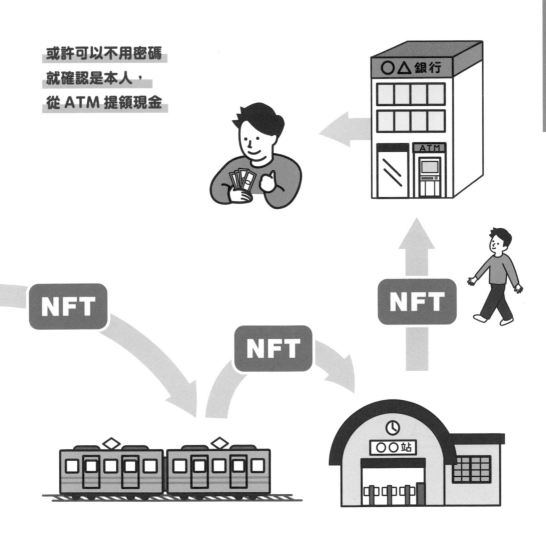

或許可以不用密碼就確認是本人，從 ATM 提領現金

07 在出版業使用 NFT 的可能性？

電子書的優點是不占空間，方便隨身攜帶，卻無法把書籍當作財產持有。可是轉換成 NFT 的電子書可以連結特定個人，成為特定財產，因此有機會成為下一代電子書的標準。

實體書的銷售量逐漸下滑，電子書市場反而持續成長。在這種背景下，2021 年一本劃時代的雜誌《SaunaLand》以電子書的形式創刊。究竟哪個部分稱得上是劃時代呢？它不透過電子書發行平台，而是把包含**商用使用權**的電子書轉換成 NFT，發布在網路拍賣上。結果以 276 萬日圓的價格售出，得標者是一位特定的個人，他取得了該雜誌的各個電子出版權與內容。

一本含出版權的限量 NFT 雜誌高價售出

所有者擁有出版權，
一本可能衍生出
新利益的限量電子書

約 **280** 萬日圓
售出！

原本的實體書是屬於書籍擁有者的財產，可以借給朋友，不想看了之後，也能賣給二手書店變現。然而，電子書只購買瀏覽權，不能出借也不能出售。

不過電子書轉換成 NFT，該資料會成為特定個人的財產。能以轉移 NFT 的形式，借給朋友或出售。這種方便性為一直對電子出版的缺點有疑慮的出版社及讀者打開了一扇新的大門，或許能成為活化市場的催化劑。

可以借給朋友也能賣給二手書店

傳統的電子書……

因為放在智慧型手機內，無法借給朋友，也不能賣給二手書店

NFT 電子書……

只要轉移 NFT，就能借給朋友，也可以賣給二手書店！

NFT 或許可以活絡出版界！

重要的 NFT 商業用語 ⑥

1. DApps (P198)

這是 Decentralized Applications 的縮寫，是指分散式應用程式。運用了在區塊鏈上讓程式（智慧合約）運作的機制，屬於沒有管理者的應用程式。這個機制就像是智慧型手機或筆記型電腦的應用程式，它有個獨特的特色，可以運用區塊鏈技術，避免使用者資料被特定企業獨占。利用智慧合約，可以讓它具備各種功能，除了以買賣為目的的傳統加密資產，也能創造出前所未見的創新內容或系統，如 NFT 遊戲、新一代金融服務 DeFi 等。

2. 應用程式 (P198)

這是指「應用程式軟體」，原本是在安裝在電腦或伺服器等資料處理裝置的 OS（基本軟體）上。可是 2008 年 iPhone 3G 上市之後，開始普遍使用 App 這個稱呼，並隨著智慧型手機普及而固定下來。現在除了電子郵件、行事曆、文件製作工具等工作上使用的軟體，還有許多應用程式，包括智慧支付、訊息、遊戲。

3. 介面 (P199)

在 IT 領域，這個字是指連接、接觸多個物件的地方，或在兩者之間交換資料或訊號的程序或協議。例如連接電腦與印表機的終端，或 USB 線等就是介面。介面主要包括連接多個裝置，規定通訊規格、連接器的形狀及電信訊號形式的「硬體介面」，以及規定程式之間交換資料和指令的程序及格式的「軟體介面」，還有規定電腦顯示資料給使用者的方式，以及使用者輸入資料方式的「使用者介面」等。

4. DeFi (P200)

這是 Decentralized Finance 的縮寫，中文稱作分散式金融，是指區塊鏈上可以建構金融服務的應用程式。傳統的金融服務是使用者支付匯款手續費給銀行、證券公司、證券交易所、保險公司等金融仲介者，負擔各種成本，但是 DeFi 沒有負責仲介的中央管理者，一般不會產生手續費，或只要支付維持整個網路的些許費用。所有的交易歷史會記錄在區塊鏈上，由使用者仔細審查交易記錄是否正確並批准，因為是由使用者互相管理，所以稱作分散式金融。

5. 普惠金融 (P202)

這是讓因貧困和歧視，如恐怖攻擊、衝突、環境破壞等而被金融服務拋棄，經濟狀況不穩定的人可以獲得基本金融服務的機制。運用區塊鏈等新技術，提供沒有銀行帳戶的個人可

以存款及匯款，或融資給難以籌措資金的新興企業。最近還推出了利用社群媒體帳號確認身分，讓難民可以使用信用卡的服務。

6. 5G（P204）

這是「5th Generation」的縮寫，是指「第五代移動通訊系統」。有三大特色，包括「快速大容量」、「高信賴、低延遲通訊」、「同時連接大量使用者」等。日本為了因應影音流量增加，而投資 5G 開發，在 2020 年春天開始提供商用服務。5G 行動網路的通訊速度最快可達每秒 1 ～ 10GB，下載長篇電影時，4G 約要 8 分鐘，5G 只要花 5 秒。在多台機器或軟體之間交換資料時，不用彌補處理速度或傳送速度的落差，也沒有通訊減速、中斷時，需在專用記憶區域暫時儲存收送資料的緩衝。運用這些特色，5G 不僅能改善行動電話使用者的連線體驗，還能提高機器、物體、裝置的連接性。

7. 數位分身（P206）

這是指以 IoT 取得物理（physical）空間中的的資料，根據傳送的資料，在數位空間中，重建物理空間分身（拷貝）的技術。數位分身受到矚目的關鍵據說是因為 IoT 的普及。利用數位分身，可以在虛擬空間中模擬物理空間未來的變化，為未來實際發生的物理空間變化做準備。具體而言，在數位空間中，重建工廠、製造設備的建設、都市開發等所有實際的物理空間，進行事前模擬、分析、最佳化，並將結果回饋給物理空間。這個特色含有「數位雙胞胎」的意思，因而稱作數位分身。

用語索引

十四劃

十五劃

十六劃

十七劃

十八劃

十九劃

二十二劃

二十三劃

NFT 是網際網路以來的革命
請為下一步做好準備

這本書介紹了 NFT 的基本知識以及潛在的應用發展等各種主題，你覺得如何？如果因此讓你對 NFT 產生興趣，筆者將深感榮幸。

NFT 不是目的而是手段

NFT 這個字本身有偏離原意的趨勢，到目前為止，在我以律師身分提供建議的許多商業諮詢中，也常遇到把 NFT 當作目的的情況，例如認為只要是 NFT，就一定賣得出去、提到 NFT，一定能籌措到資金…。

2022 年 1 月 28 日舉辦的「Web3 Conference Tokyo」邀請了以太坊聯合創始人 Vitalik Buterin 當來賓，當他被問到 NFT 專案時，他回答「我感興趣的 NFT 是不以成為 NFT 為唯一特色的 NFT」。

這句話可以解釋為，他希望傳達的訊息是，NFT 這個技術或概念本來應該是達到某個目的的手段，別把 NFT 本身當作目的。

NFT 普及的關鍵是「元宇宙」？

未來 NFT 要讓一般消費者熟悉，正式進入我們的生活，仍有許多問題需要面對。其中最大的挑戰，應該是提出讓一般消費者廣泛接受 NFT 有用的服務吧！我認為其中一個選項應該是元宇宙。

正好 Facebook 把公司名稱更改為「Meta」，並將資源集中投資在元宇宙領域。該公司實際的名稱是 Meta Platforms, Inc.，這裡使用了「複數的『Platforms』」，顯現出該公司希望主導發展的是以多個平台為前提的開放式元宇宙、多元化元宇宙型（亦即 web3）的生態系統，而非單一平台（web2.0）的中央集權式服務。在《週刊東洋經濟（2022 年 1 月 29 日號）》的「全解析 加密資產＆NFT」專題報導中，Facebook Japan 董事長味澤將宏也表示，該公司的目標是「相互操作性」，亦即「非封閉的世界，而是（與各種虛擬空間）相互連接，可以往來的世界」。

在擴大使用元宇宙的情境中，包括①「為了工作不得不用」的狀況，如 Microsoft 或 Meta 推廣的會議系統 Demo。②由年輕人主導，使得趨勢急速變化，如短片共享服務 TikTok。③以遊戲、動漫等特定主題為核心的社群形成力等三大方向，不論是哪一種，從確保元宇宙空間的相互操作性來看，都可能把區塊鏈及 NFT 當作基礎設施或基本概念來運用。

當保障了相互操作性的元宇宙空間普及之後,持有、消費數位內容背後的 NFT 概念可能已經不再被大眾重視。正確來說,變成這樣後,NFT 才會真正普及。

準備未來的發展

我的預測準不準確,現階段還無法斷言。可是,NFT 及相關業務不會像流行語一樣曇花一現,而是重複各種成功與失敗,擴大運用範圍,一點一點累積深入社會的準備。

期望這本書可以幫助各位讀者站在理解 NFT 的起跑點,為未來正式擴大期的變化做好準備。

※ 這本書定位為入門書,撰寫內容時,優先考量是否容易了解,而不是描述的是否嚴謹、全面,透過本書,對 NFT 產生興趣,並想進一步了解 NFT 的人,不妨一併參考「序」介紹的《NFT 教科書》。

增田雅史

● 参考文献

《NFT の教科書 ビジネス・ブロックチェーン・法律・会計まで デジタルデータが資産になる未来》
天羽健介、増田雅史／朝日新聞出版

《だれにでもわかる NFT の解説書》
足立明穂／ Live Publishing（股）公司

《いちばんやさしいブロックチェーンの教本 人気講師が教えるビットコインを支える仕組み（「いちばんやさしい教本」シリーズ）》
杉井靖典／ Impress（股）公司

《図解即戦力 ブロックチェーンのしくみと開発がこれ 1 冊でしっかりわかる教科書》
Consensus Base（股）公司／技術評論社

《RPA 導入からビジネスモデル改革まで最新事例が丸わかり！DX 戦略見るだけノート》
内山 悟志／寶島社

《超ど素人がはじめる仮想通貨投資》
seiya ／翔泳社

● 参考網站

New Economy
https://www.neweconomy.jp/

BUSINESS INSIDER
https://www.businessinsider.jp

Media Argo
https://www.fisco.co.jp/media/

Cointelegraph Japan
https://jp.cointelegraph.com/

NFT-Lab
https://nft-lab.net/

朝日新聞 DIGITAL
https://www.asahi.com/

NFT 投資 navi
https://nftnavi.com/

coindesk JAPAN
https://www.coindeskjapan.com/

Coincheck
https://coincheck.com/ja/

ejworks
https://www.ejworks.com/

invest Navi by FISCO
https://fisco.jp/media/

日本銀行
https://www.boj.or.jp/

三井住友銀行
https://www.smbc.co.jp/

DMM.com
https://www.dmm.com/

Survive
https://www.survive-m.com/

MONEY GROWTH
https://www.maneo.jp/media/

● STAFF

編輯	渡邊亨、佐藤裕二、佐古京太、斉藤健太、山下孝子（Family Magazine（股）公司）
執筆、協助執筆	竹內雅彥（風都舍（股）公司）、井上岳則、水野春彥、幕田けいた、髭郁彥
內文插圖	kuma-art、桜井葉子、宮松薫、渡邊史
封面設計	別府拓（Q.design）
封面插圖	sachiyo fukui
內文設計・DTP	松原卓（dot tetre）

監修　增田雅史（ますだ・まさふみ）

律師、美國紐約州律師（森・濱田松本法律事務所）。

畢業於史丹佛大學法學院。從理工系轉成律師，負責處理各種 IT、數位相關法律問題。憑藉在經濟產業省媒體內容課任職的經驗，以及在金融廳起草區塊鏈相關法規的資歷，與精通數位及區塊鏈領域，他從區塊鏈遊戲草創期 2017 年底開始提供與 NFT 有關的建議。部落格文章「NFT 的法律論點」與一般的法律實務部落格不同，在發布第一天就創下 3000PV 的記錄。2021 年 10 月以共同編輯代表出版《NFT 教科書》（朝日新聞出版）。此外，他也是區塊鏈推進協會（BCCC）的顧問，日本加密資產商業協會（JCBA）NFT 部會法律顧問，主導日本與 NFT 有關的法規。

圖解 NFT 一看就上手

監　　修：增田雅史
譯　　者：吳嘉芳
企劃編輯：蔡彤孟
文字編輯：詹祐甯
設計裝幀：張寶莉
發 行 人：廖文良

發 行 所：碁峰資訊股份有限公司
地　　址：台北市南港區三重路 66 號 7 樓之 6
電　　話：(02)2788-2408
傳　　真：(02)8192-4433
網　　站：www.gotop.com.tw
書　　號：ACV045300
版　　次：2023 年 02 月初版
建議售價：NT$480

國家圖書館出版品預行編目資料

圖解 NFT 一看就上手 / 增田雅史監修；吳嘉芳譯. -- 初版. -- 臺
　　北市：碁峰資訊，2023.02
　　　面；　公分
　　　ISBN 978-626-324-371-2(平裝)
　　1.CST：電子貨幣　2.CST：電子商務
563.146　　　　　　　　　　　　　　　　　111018587